How to Teach Phonics

An Easy and Effective Way to Teach Phonics

Douglas T. Roman

Order this book online at www.trafford.com
or email orders@trafford.com

Most Trafford titles are also available at major online book retailers.

© Copyright 2012 Douglas T. Roman.

All rights reserved. No part of this publication may be reproduced, stored in a retrieval system, or transmitted, in any form or by any means, electronic, mechanical, photocopying, recording, or otherwise, without the written prior permission of the author.

Printed in the United States of America.

ISBN: 978-1-4669-5540-0 (sc)
ISBN: 978-1-4669-5541-7 (e)

Library of Congress Control Number: 2012916264

Trafford rev. 11/29/2012

 www.trafford.com

North America & international
toll-free: 1 888 232 4444 (USA & Canada)
phone: 250 383 6864 ◆ fax: 812 355 4082

Contents

Additional Lessons

Part 2

Part 3

Tips for Teachers

- This book is designed to be used in the classroom for both native and ESL students for all age groups. Especially those who are beginners.
- Almost all phonetics are covered under *fifty-six* lessons with pronunciation keys, symbols, additional practices, and additional words for reading.
- An audiobook has been attached for each lesson in order to reduce teachers' stress. Teachers can ask the students to repeat the lessons a couple of times by playing the audio. Each audio lesson is designed with explanation, reading with pause for students to follow.
- Teachers can use a simple textbook for reading after finishing the tenth lesson to help the students read more words. The more they read, the more they will improve.
- As usual there can be slow learners and fast learners in a classroom. It's recommended to repeat some of the lessons a couple of times until they understand them well.
- Each language has its own sounds. When you teach the ESL students, ask them to write the proper sounds for the English letters. This may help them write their language words in English, and this way practically makes the students understand the sounds well. They will be able to write their own names and other names in English.
- English pronunciation differs country to country and dictionary to dictionary. When you teach them how to use a dictionary, ask them to read the pronunciation keys and symbols that are attached on the front of the dictionaries.
- Eyes and ears should recognize the letters and the sounds for the quick improvement. Have your students read and listen to the sounds often. Again, the more they read and listen, the faster the results.
- Before you move over to the next lesson, evaluate their reading comprehension. You can give them small evaluation tests. Classroom competition will also help students to work hard on their lessons.
- You can avoid some lessons if they seem to be difficult for the students, since this book has been designed for all age groups.
- You can have some reading tests and dictations on a random basis.
- There is a pause given for the students to repeat and answer in the audio lecture. A person teaches the lessons just like a teacher to create the classroom environment. Ask your students to follow the audio carefully.

Teacher's Instructions

Before you start teaching, listen to the CD lessons and read the teacher's instructions completely. All lessons are taught in the CD. Each lesson has *voice one* and *voice two*. *First, play voice one and then give your students some time to practice. Then play voice two.* You can also use these lessons to carry out your own way of teaching. Each lesson is designed to cover a forty-minute class. Use the CD lessons effectively for better results. The blanks in the lessons are given for the teacher's convenience. You can have your students write the meaning, rewrite, or write the keys. It's up to the teacher's plan.

Lesson 1

Teacher's Instructions: Repeat the audio until they get familiarized with the English alphabet.

Alphabet

Capital Letters

A	B	C	D	E	F	G	H	I	J	K	L	M
N	O	P	Q	R	S	T	U	V	W	X	Y	Z

Simple Letters

a	b	c	d	e	f	g	h	i	j	k	l	m
n	o	p	q	r	s	t	u	v	w	x	y	z

A ____	R ____	a ____	r ____
B ____	S ____	b ____	s ____
C ____	T ____	c ____	t ____
D ____	U ____	d ____	u ____
E ____	V ____	e ____	v ____
F ____	W ____	f ____	w ____
G ____	X ____	g ____	x ____
H ____	Y ____	h ____	y ____
I ____	Z ____	i ____	z ____
J ____		j ____	
K ____		k ____	
L ____		l ____	
M ____		m ____	
N ____		n ____	
O ____		o ____	
P ____		p ____	
Q ____		q ____	

Lesson 2

Teacher's Instructions: Give your students the suitable sounds in their native language or the English keys for the English letters, and help them pronounce them. Play the audio a couple of times until they understand how to pronounce the sounds.

Write the alphabet with the keys below on the board before you play the audio.

æ	b	k	d	ɛ	f	g	h	ɪ	dʒ	k	l	m
n	ɑ:	p	k	r	s	t	ʌ	v	w	ks	j	z

A	B	C	D	E	F	G	H	I	J	K	L	M
N	O	P	Q	R	S	T	U	V	W	X	Y	Z

A		U		K		K		E	
B		V		J		L		F	
C		W		I		M		G	
D		X		H		N		H	
E		Y		G		O		I	
F		Z		F		P		J	
G		Y		E		Q		K	
H		X		D		R		L	
I		W		C		S		M	
J		V		B		T		N	
K		U		A		U		O	
L		T		B		V		P	
M		S		C		W		Q	
N		R		D		X		R	
O		Q		E		Y		S	
P		P		F		Z		T	
Q		O		G		A		U	
R		N		H		B		V	
S		M		I		C		W	
T		L		J		D		X	

Lesson 3

Teacher's Instructions: *Play voice one.* Your students might need more training on this lesson if they are kids. Take some extra copies and ask them to write the letters a few more times. Let them write the letter below each letter. When they can write the letters, you can move over to *lesson 4.*

A	B	C	D	E	F	G	H	I	J	K	L	M	N	O	P	Q	R	S	T	U	V	W	X	Y	Z
a	b	c	d	e	f	g	h	i	j	k	l	m	n	o	p	q	r	s	t	u	v	w	x	y	z

A B C	a b c	D E F	d e f
-----------	-----------	-----------	-----------
G H I	g h i	J K L	j k l
-----------	-----------	-----------	-----------
M N O	m n o	P Q R	p q r
-----------	-----------	-----------	-----------
S T U V	s t u v	W X Y Z	w x y z
-----------	-----------	-----------	-----------

z y x	E F G	o n m	D C B
-----------	-----------	-----------	-----------
s r q	O N M	f e d	V W Z
-----------	-----------	-----------	-----------
h i p	D H L	s o k	A S R
-----------	-----------	-----------	-----------
g f e	P T X	j i h	G B D
-----------	-----------	-----------	-----------
c b a	Y U Q	v r m	Z O I
-----------	-----------	-----------	-----------
x t p	I J K	s h y	K O S
-----------	-----------	-----------	-----------

Teacher's Instructions: *Play voice one.* The letters should be written *Ab, Ac, Ad, Af* in the blanks given below. Only one sound has been used here. When they are done, *play voice two.*

	b	c	d	f	g	h	j	k	l	m	n
A	/æb/	/æk/	/əd/	/ə'f/	/ə'g/	/ə'h/	/ə'dʒ/	/ə'k/	/'a:l/	/ə'm/	/æn/
E	/'ɛb/	/'ɛk/	/'ɛd/	/ɪ'f/	/'ɛg/	/'eɪ/	/ɪ'dʒ/	/'ɛk/	/ɛl/	/ɪm/	/ɪ'n/
I	/'aɪb/	/'aɪk/	/aɪ'd/	/'ɪf/	/ɪg/	/'ɪh/	/ɪ'dʒ/	/'aɪk/	/'ɪl/	/'ɪm/	/'ɪn/
O	/oʊ'b/	/ə'k/	/'a:d/	/əv/	/'oʊg/	/'oʊ/	/ədʒ/	/oʊk/	/'oʊl/	/oʊm/	/'a:n/
U	/ju'b/	/'ʌk/	/'ʌd/	/'ʌf/	/'ʌg/	/'ʌ/	/'ʌdʒ/	/ju'k/	/'ʌl/	/'ʌm/	/ʌn/

	o	p	q	r	s	t	u	v	w	x	y	z
A	/eɪ'o/	/ə'p/	/ə'k/	/'aɚ/	/æs/	/'æt/	/'a:/	/ə'v/	/ə'w/	/'æks/	/eɪ/	/'æʒ/
E	/'i:,a:/	/'ɛp/	/'i:k/	/'ɚ/	/'ɛs/	/'ɛt/	/'ju:/	/'ɛv/	/'ju:/	/ɪg'z/	/eɪ/	/e'z/
I	/'ajə/	/'ɪp/	/'ik/	/ɪ'r/	/'ɪz/	/'ɪt/	/'ju:/	/'aɪv/	/,i,w/	/i ks/	/ɪ/	/ɪz/
O	/'u:/	/'oʊp/	/'oʊk/	/'oɚ/	/a:s/	/'a:t/	/'aʊ/	/'ʌv/	/'oʊ/	/'a:ks/	/'oɪ/	/'oʊ,z/
U	/ju: ʊ/	/'ʌp/	/'ʌk/	/'ɚ/	/'ʌs/	/'ʌt/	/'ju:/	/'ju:v/	/'ʌv/	/'ʌ ks/	/'ʌvɪ/	/,ʊz/

Lesson 5

Teacher's Instructions: *Play voice one.* Instruct them to write the consonant followed by the vowel (e.g., *Ba, Be, Bi, Bo, Bu, By*).
Ci, Ci, Cy, Gi, Ge, Gy are highlighted here since they have different sounds.
When they are done, play *voice two*.

	a- æ	e- ɛ	i-ɪ	o- ɑː	u- ʌ	y- aɪ
B b	/bæ/	/ˈbɛ/	/bɪ/	/bɑː/	/bʌ/	/baɪ/
C k	/ˈkæ/	/ˈsɛ/	/ˈsɪ/	/kɑː/	/kʌ/	/ˈs aɪ/
D d	/ˈ dæ/	/ˈ dɛ/	/ˈ dɪ/	/ˈ dɑː/	/ˈ dʌ/	/ˈ daɪ/
F f	/ˈfæ/	/ˈfɛ/	/ˈfɪ/	/ˈfɑː/	/ˈfʌ/	/ˈf aɪ/
G g	/ˈgæ/	/ˈdʒɛ/	/ˈdʒɪ/	/ˈgɑː/	/ˈgʌ/	/ˈdʒ aɪ/
H h	/ˈhæ/	/ˈhɛ/	/ˈhɪ/	/ˈhɑː/	/ˈhʌ/	/ˈh aɪ/
J dʒ	/ˈdʒæ/	/ˈdʒɛ/	/ˈdʒɪ/	/ˈdʒɑː/	/ˈdʒʌ/	/ˈdʒ aɪ/
K k	/kæ/	/kɛ/	/kɪ/	/kɑː/	/kʌ/	/k aɪ/
L l	/ˈlæ/	/ˈlɛ/	/ˈlɪ/	/ˈlɑː/	/ˈlʌ/	/ˈlaɪ/
M m	/ˈmæ/	/ˈmɛ/	/ˈmɪ/	/ˈmɑː/	/ˈmʌ/	/ˈmaɪ/
N n	/ˈnæ/	/ˈnɛ/	/ˈnɪ/	/ˈnɑː/	/ˈnʌ/	/ˈnaɪ/
P p	/ˈpæ/	/ˈpɛ/	/ˈpɪ/	/ˈp ɑː/	/ˈpʌ/	/ˈpaɪ/
Q k	/kæ/	/kɛ/	/kɪ/	/kɑː/	/ˈkw/	/k aɪ/
R r	/ˈræ/	/ˈrɛ/	/ˈrɪ/	/ˈr ɑː/	/ˈrʌ/	/ˈraɪ/
S s	/ˈsæ/	/ˈsɛ/	/ˈsɪ/	/ˈs ɑː/	/ˈsʌ/	/ˈsaɪ/
T t	/ˈtæ/	/ˈtɛ/	/ˈtɪ/	/ˈt ɑː/	/ˈtʌ/	/ˈt aɪ/
V v	/ˈvæ/	/ˈvɛ/	/ˈvɪ/	/ˈv ɑː/	/ˈvʌ/	/ˈvaɪ/
W w	/ˈwɑː/	/ˈwɛ/	/ˈwɪ/	/ˈwɑː/	/ˈwʌ/	/ˈwaɪ/
X z	/ˈzæ/	/ˈziː/	/ˈzɪ/	/ˈzoʊ/	/ˈzʊ/	/ˈzaɪ/
y j	/ˈjæ/	/ˈjɛ/	/ˈjɪ/	/ˈj ɑː/	/ˈjʌ/	/ˈj/
Z z	/ˈzæ/	/ˈziː/	/ˈzɪ/	/ˈzoʊ/	/ˈzʊ/	/ˈzaɪ/

Teacher's Instructions: *Play voice one.* Ask your students to write down the sounds by heart, then let them read the sounds once before you play *voice two.*

vowels

A, E, I, O, U
æ   ε   ɪ   ɑ : ʌ

consonants

B	**C**	**D**	**F**	**G**	**H**	**J**	**K**	**L**	**M**	**N**	**P**
b	k	d	f	g	h	dʒ	k	l	m	n	p

Q	**R**	**S**	**T**	**V**	**W**	**X**	**Y**	**Z**
k	r	s	t	v	w	ks	j	z

D	V		W		I
—	—	A	—	Q	—
F		—	C	—	
—	Y	—	—	
G		—	J	K	E
—	H	—	—	—
L	B	—	Y		X
—	—		—	O	—
T	N	S	M	—	R
—	—	—	—	Z	—
	P		U		
	—		—		

Lesson 7

Teacher's Instructions: *Play voice one.* Writing the words using their native language characters would help them write their names and other words in English. Ask them to write the words in their own language or the keys. It's up to the teachers. When they are done, ask them to read the words one by one. Then you can play *voice two.*

BAT	RED	TIN	POT	RUN
/ˈbæt/	/ˈrɛd/	/ˈtɪn/	/ˈpaːt/	/ˈrʌn/
RAT	BED	SIN	DOT	SUN
/ræt/	/ˈbɛd/	/ˈsɪn/	/ˈdaːt/	/ˈsʌn/
MAT	NET	WIN	GOD	BUT
/ˈmæt/	/ˈnɛt/	/ˈwɪn/	/ˈgaːd/	/ˈbʌt/
SAT	TEN	BIN	HOT	CUT
/ˈsæt/	/ˈtɛn/	/ˈbɪn/	/ˈhaːt/	/ˈkʌt/
CAT	BET	FIT	LOG	FUN
/ˈkæt/	/ˈbɛt/	/ˈfɪt/	/ˈlaːg/	/ˈfʌn/
DAD	DEN	HIT	NOT	GUN
/ˈdæd/	/ˈdɛn/	/ˈhɪt/	/ˈnaːt/	/ˈgʌn/
BAD	HEN	KID	ROD	MUD
/ˈbæd/	/ˈhɛn/	/ˈkɪd/	/ˈraːd/	/ˈmʌd/
FAN	LEG	DIM	NOD	NUT
/ˈfæn/	/ˈlɛg/	/ˈdɪm/	/ˈnaːd/	/ˈnʌt/
HAT	MEN	MID	WON	SUM
/ˈhæt/	/ˈmɛn/	/ˈmɪd/	/ˈw aːn/	/ˈsʌm/
MAN	PEN	BIN	POP	TUB
/ˈmæn/	/ˈpɛn/	/ˈbɪn/	/ˈpaːp/	/ˈtʌb/
PAN	SET	PIN	COP	BUM
/ˈpæn/	/ˈsɛt/	/ˈpɪn/	/ˈkaːp/	/ˈbʌm/

Lesson 8

Teacher's Instructions: *Play voice one.* Ask your students to write the words in the blank below in their language or using the keys, and let them read out loud to make sure whether they understood the lessons well. When they finish, *play voice two.*

TAN	HEN	MID	JET	NOT	MAT
/ˈtæn/	/ˈhɛn/	/ˈmɪd/	/ˈʤɛt/	/ˈnaːt/	/ˈmæt/
TEN	HIT	MUD	JOT	RAT	MAD
/ˈtɛn/	/ˈhɪt/	/ˈmʌd/	/ˈʤaːt/	/ræt/	/ˈmæd/
TIN	HOT	BAD	LAP	RED	VAN
/ˈtɪn/	/ˈhaːt/	/ˈbæd/	/ˈlæp/	/ˈrɛd/	/ˈvæn/
PAN	HUT	BED	LET	RIB	LIP
/ˈpæn/	/ˈhʌt/	/ˈbɛd/	/ˈlɛt/	/ˈrɪb/	/ˈlɪp/
PEN	SAT	BIN	LID	RUB	PUB
/ˈpɛn/	/ˈsæt/	/ˈbɪn/	/ˈlɪd/	/ˈrʌb/	/ˈpʌb/
PIN	SET	BUN	LUB	ROB	BUM
/ˈpɪn/	/ˈsɛt/	/ˈbʌn/	/ˈlʌb/	/ˈraːb/	/ˈbʌm/
DAD	SIT	FAN	NAP	CAN	APT
/ˈdæd/	/ˈsit/	/ˈfæn/	/ˈnæp/	/kən/	/ˈæpt/
DEN	SUN	FIN	NET	GUN	TAP
/ˈdɛn/	/ˈsʌn/	/ˈfɪn/	/ˈnɛt/	/ˈgʌn/	/ˈtæp/
DID	MAN	FUN	NIL	SAD	BAN
/ˈdɪd/	/ˈmæn/	/ˈfʌn/	/ˈnɪl/	/ˈsæd/	/ˈbæn/
HAT	MEN	JAM	NUN	SIN	ZIP
/ˈhæt/	/ˈmɛn/	/ˈʤæm/	/ˈnʌn/	/ˈsɪn/	/ˈzɪp/

Lesson 9

Teacher's Instructions: *Play voice one.* Let them have enough time to read by themselves. When they finish practicing, ask them to read. Then play *voice two*.

CLAP	COST	PLAN	SPAN	RIBS
/ˈklæp/	/ˈkaːst/	/ˈplæn/	/ˈspæn/	/ˈrɪbs/
BAND	TEST	MASK	SLAP	BUMP
/ˈbænd/	/ˈtɛst/	/ˈmæsk/	/ˈslæp/	/ˈbʌmp/
PLUM	BEST	DESK	BOND	DOGS
/ˈplʌm/	/ˈbɛst/	/ˈdɛsk/	/ˈbaːnd/	/ˈdaːgs/
SAND	FAST	SLUM	TANK	BELT
/ˈsænd/	/ˈfæst/	/ˈslʌm/	/ˈtæŋk/	/ˈbɛlt/
DUST	FIST	BOLD	LAND	BEND
/ˈdʌst/	/ˈfɪst/	/ˈboʊld/	/ˈlænd/	/ˈbɛnd/
LIPS	RISK	POST	MOLD	DUMP
/ˈlɪps/	/ˈrɪsk/	/ˈpoʊst/	/ˈmoʊld/	/ˈdʌmp/
GLAD	LIST	DON'T	JUMP	SNOT
/ˈglæd/	/ˈlɪst/	/ˈdoʊnt/	/ˈdʒʌmp/	/ˈsnaːt/
DUMP	NEST	MIST	BRAG	DENT
/ˈdʌmp/	/ˈnɛst/	/ˈmɪst/	/ˈbræg/	/ˈdɛnt/
MUST	DRAG	STOP	LOST	TEND
/ˈmʌst/	/ˈdræg/	/ˈstaːp/	/ˈlaːst/	/ˈtɛnd/

Lesson 10

Teacher's Instructions: *Play voice one.* Ask the students to practice reading by themselves and check their reading. (Do not move over to the next lesson until they are able to read this lesson.) Maybe they need a couple of times of practice. When they finish reading, *play voice two.*

u: OO	i: EE	i: EA	ŋ NG	θ/ð TH	tʃ CH	aɚ AR
TEEN	COOL	FEEL	WOOD	BEEF	SING	THUG
/ˈtiːn/	/ˈkuːl/	/ˈfiːl/	/ˈwʊd/	/ˈbiːf/	/ˈsɪŋ/	/ˈθʌg/
MOON	DEED	PEEL	FOOD	SEED	SANG	BATH
/ˈmuːn/	/ˈdiːp/	/ˈpiːl/	/ˈfuːd/	/ˈsiːd/	/ˈsæŋ/	/ˈbæθ/
TEAM	BEAT	MOOD	SEAT	NEAT	BANG	MART
/ˈtiːm/	/ˈbiːt/	/ˈmuːd/	/ˈsiːt/	/ˈniːt/	/ˈbæŋ/	/ˈmaɚt/
MEET	SEAL	WOOL	NEED	KEEP	FANG	CART
/ˈmiːt/	/ˈsiːl/	/ˈwʊl/	/ˈniːd/	/ˈkiːp/	/ˈfæŋ/	/ˈkaɚt/
NOON	DOOM	BOOT	FOOL	LEAD	THIN	THAN
/ˈnuːn/	/ˈduːm/	/ˈbuːt/	/ˈfuːl/	/ˈliːd/	/ˈθɪn/	/ˈðæn/
BEAN	SOON	TEAM	POOL	DEEP	CHIN	CHAT
/ˈbiːn/	/ˈsuːn/	/ˈtiːm/	/ˈpuːl/	/ˈdiːp/	/ˈtʃɪn/	/ˈtʃæt/
SEEN	DEAL	SEAM	FREE	PEEP	STAR	MATH
/ˈsiːn/	/ˈdiːl/	/ˈsiːm/	/ˈfriː/	/ˈpiːp/	/ˈstaɚ/	/ˈmæθ/
TOOL	BEAM	SEEM	FLEE	GOOD	ARCH	CHEAT
/ˈtuːl/	/ˈbiːm/	/ˈsiːm/	/ˈfliː/	/ˈgʊd/	/ˈaɚtʃ/	/ˈtʃiːt/

Lesson 11

Teacher's Instructions: *Play voice one.* Let the students practice the words with the sounds taught. *Or* sounds like /oɚ/ when it is used at the beginning or in the middle of the words. At the end of the words, *or* gives an /ɚ/ sound. Explain this. When they finish, ask them to read once and play *voice two*.

organ	ornament	organic	torch	short	doctor	harbor	motor
/ˈoɚgən/	/ˈoɚnəmənt/	/oɚˈgænɪk/	/ˈtoɚtʃ/	/ˈʃoɚt/	/ˈdɑːktɚ/	/ˈhɑɚbɚ/	/ˈmoʊtɚ/

ar -ɑɚ	er - ɚ	ir- ɚ	or- oɚ /ɚ	ur - ɚ

smart /smɑɚt/	motor /moʊtɚ/	barbaric /bɑɚˈberɪk/	perfect /pɚˈfɛkt/
mart /mɑɚt/	morning /moɚnɪŋ/	barb /ˈbɑɚb/	perform /pɚˈfoɚm/
March /mɑɚtʃ/	fern /fɚn/	barber /ˈbɑɚbɚ/	entertainment /ˌɛntɚˈteɪnmənt/
sister /sɪstɚ/	turn /tɚn/	barf /bɑɚf/	perfume /ˈpɚˌfjuːm/
perm /pɚm/	jerk /dʒɚk/	bark /bɑɚk/	center /ˈsɛntɚ/
term /tɚm/	carpenter /kɑɚpəntɚ/	cardinal /kɑɚdənəl/	pork /ˈpoɚk/
stir /stɚ/	September /sɛpˈtɛmbɚ/	carpet /kɑɚpət/	shelter /ˈʃɛltɚ/
birth /bɚθ/	curtain /ˈkɚtn/	darling /ˈdɑɚlɪŋ/	remember rɪˈmɛmbɚ/
bird /bɚd/	circle /ˈsɚkəl/	Darwin /ˈdɑɚwəˌn/	polar /ˈpoʊlɚ/
urchin /ɚtʃən/	burn /ˈbɚn/	first /ˈfɚst/	worm /ˈwɚm/
doctor /dɑːktɚ/	terrible /ˈterəbəl/	fourth /ˈfoɚθ/	word /ˈwɚd/
torch /ˈtoɚtʃ/	firm /ˈfɚm/	hard /ˈhɑɚd/	power /ˈpawɚ/
organ /ˈoɚgən/	flirt /ˈflɚt/	herd /ˈhɚd/	tower /ˈtawɚ/

Teacher's Instructions: *Play voice one.* Give your students enough time to practice the words. When they are done, ask them to read out loud once. Then play *voice two*.

grasp /ˈgræsp/	smooth /ˈsmuːð/	beach /ˈbiːtʃ/
print /ˈprɪnt/	bleed /ˈbliːd/	pinch /ˈpɪntʃ/
class /ˈklæs/	bless /ˈblɛs/	fetch /ˈfɛtʃ/
blank /ˈblæŋk/	feast /ˈfiːst/	match /ˈmætʃ/
crisp /ˈkrɪsp/	sneak /ˈsniːk/	madam /ˈmædəm/
brisk /ˈbrɪsk/	stamp /ˈstæmp/	rapid /ˈræpəd/
drink /ˈdrɪŋk/	steal /ˈstiːl/	plant /ˈplænt/
bring /ˈbrɪŋ/	steel /ˈstiːl/	blast /ˈblæst/
going /ˈgowɪŋ/	stand /ˈstænd/	blend /ˈblɛnd/
think /ˈθɪŋk/	stool /ˈstuːl/	birth /ˈbɚθ/
sleep /ˈsliːp/	cream /ˈkriːm/	slant /ˈslænt/
speak /ˈspiːk/	boost /ˈbuːst/	yummy /ˈjʌmi/
clean /ˈkliːn/	bloom /ˈbluːm/	yucky /ˈjʌki/
batch /ˈbætʃ/	spoon /ˈspuːn/	cross /ˈkrɑːs/

Lesson 13

Teacher's Instructions: *Play voice one.* Write down the chart below on the board and explain how the sounds get changed. When you finish explaining, let them write or read the words. Check their reading, and then, play *voice two*.

Example 1: *Mat* has no *E* at the end. So the *A* in the middle sounds like /æ/. *Mate* ends with an *E*. The *A* before *t* takes its name sound /eɪ/.

mat	mate
/mæt/	/meɪt/

The rule is almost the same with other vowels. Exceptions are also there.

Example 2:

met	mete
/mɛt/	/miːt/
pin	pine
/pɪn/	/paɪn/
cod	code
/kɑːd/	/koʊd/
cut	cute
/kʌt/	/kjuːt/

a- eɪ	e- iː	i- aɪ	o- oʊ	u- juː, uː
bake /ˈbeɪk/	gene /ˈʤiːn/	bite /ˈbaɪt/	sole /ˈsoʊl/	cute /kjuːt/
gate /ˈgeɪt/	these /ˈðiːz/	kite /ˈkaɪt/	code /ˈkoʊd/	use /ˈjuːz/
tape /ˈteɪp/	compete /kəmˈpiːt/	vibe /ˈvaɪb/	nose /ˈnoʊz/	fume /ˈfjuːm/
mate /ˈmeɪt/	complete /kəmˈpliːt/	nine /ˈnaɪn/	note /ˈnoʊt/	mute /ˈmjuːt/
cape /ˈkeɪp/	stampede /stæmˈpiːd/	mile /ˈmajəl/	bone /ˈboʊn/	tube /ˈtuːb/
fade /ˈfeɪd/	centipede /ˈsɛntəˌpiːd/	mine /ˈmaɪn/	rose /ˈroʊz/	huge /ˈhjuːʤ/
sale /ˈseɪl/	delete /dɪˈliːt/	fine /ˈfaɪn/	hose /ˈhoʊz/	nude /ˈnuːd/
male /ˈmeɪl/	scene /ˈsiːn/	bike /ˈbaɪk/	mole /ˈmoʊl/	confuse /kənˈfjuːz/
tale /ˈteɪl/	mete /ˈmiːt/	ride /ˈraɪd/	pole /ˈpoʊl/	contribute /kənˈtrɪbjuːt/
cane /ˈkeɪn/	obese /oʊˈbiːs/	crime /ˈkraɪm/	broke /ˈbroʊk/	distribute /dɪˈstrɪbjuːt/
fade /ˈfeɪd/	concrete /ˈkɑːnˌkriːt/	bile /ˈbajəl/	stone /ˈstoʊn/	institute /ˈɪnstəˌtuːt/
made /ˈmeɪd/	scheme /ˈskiːm/	bribe /ˈbraɪb/	close /ˈkloʊz/	magnitude /ˈmægnəˌtuːd/
game /ˈgeɪm/	theme /ˈθiːm/	tide /ˈtaɪd/	slope /ˈsloʊp/	latitude /ˈlætəˌtuːd/
pale /ˈpeɪl/	Burmese /bɚˈmiːz/	dime /ˈdaɪm/	joke /ˈʤoʊk/	salute /səˈluːt/

Lesson 14

Teacher's Instructions: *Play voice one.* Write down the three sounds of the letter *A* on the board, and help them recall the keys. *A* at the end of the words sounds like /ə/. When they finish reading, *play voice two.*

A= **æ**	A= **eɪ**	A=ə

A at the End of a Word	

drama	Tina
/ˈdrɑːmə/	/tiːnə/
trauma	militia
/ˈtrɑːmə/	/məˈlɪʃə/
panda	via
/ˈpændə/	/ˈvajə/
dementia	America
/dɪˈmɛnʃə/	/əˈmerəkə/
data	vita
/ˈdeɪtə/	/ˈviːtə/
propaganda	Africa
/prɑːpəˈgændə/	/ˈæfrikə/
India	Asia
/ˈɪndijə/	/ˈeɪʒə/
Australia	Russia
/ɑˈstreɪljə/	/ˈrʌʃə/
Canada	Korea
/ˈkænədə/	/kəˈrijə/
Libra	Bulgaria
/ˈliːbrə/	/bʌlˈgerijə/
Cola	Uganda
/ˈkoʊlə/	/juˈgændə/
agenda	Argentina
/əˈdʒɛndə/	/ɑːrdʒɛnˈtiːnə/
Atlanta	China
/ətˈlæntə/	/ˈtʃaɪnə/
Malaysia	Ghana
/məˈleɪʒə/	/ˈgɑːnə/

Lesson 15

Teacher's Instructions: *Play voice one.* Some two-letter sounds have more than one sound. Here I have used only one sound. Other sounds will be covered in our forthcoming lessons. Ask your students to write the sounds in their native language or use the keys to read and pronounce. Check their reading and *play voice two.*

OO-u:	EE-i:	EA- i:	AL-a:	OU- aʊ	AY-eɪ	AI-eɪ	PH-f
AU- a:	OW- aʊ	CK- k	AW-a:	SH-ʃ	CH- tʃ	TH- θ	
NG-ŋ	AR-aɚ	ER-ɚ	IR- ɚ	OR- ɚ	UR- ɚ	OA-oʊ	

OO u:	EE i:	EA i:	AL a:	OU aʊ	AY eɪ	AI eɪ	AU a:	OW aʊ	CK k	PH f	AW a:	UE u:
SH ʃ	CH tʃ	TH θ/	NG ŋ	AR aɚ	ER ɚ	IR ɚ	OR ɚ	UR ɚ	OA oʊ	OE oʊ	EI eɪ	EW u:

OO	CK	OW	OU	CH	TH	AR	CK	PH	EW	TH
u:	k	aʊ	aʊ	tʃ	θ	aɚ	k	f	u:	θ
EE	SH	OR	EE	OR	AL	AU	OA	CH	UE	AL
i:	ʃ	ɚ	i:	ɚ	a:	a:	oʊ	tʃ	u:	a:
EA	CH	UR	OA	SH	OU	TH	UR	AW	EI	OU
i:	tʃ	ɚ	oʊ	ʃ	aʊ	θ	ɚ	a:	eɪ	aʊ
AL	TH	OA	OW	AW	OW	OR	OR	CK	NG	OW
a:	θ	oʊ	aʊ	a:	aʊ	ɚ	ɚ	k	ŋ	aʊ
OU	NG	AL	CK	IR	AW	OA	IR	OW	EI	AW
aʊ	ŋ	a:	k	ɚ	a:	oʊ	ɚ	aʊ	eɪ	a:
AY	AR	OE	AU	PH	NG	AL	ER	OE	PH	NG
eɪ	aɚ	oʊ	a:	f	ŋ	a:	ɚ	oʊ	f	ŋ
AI	ER	TH	EA	CH	PH	OE	AR	AI	EW	PH
eɪ	ɚ	θ	i:	tʃ	f	oʊ	aɚ	eɪ	u:	f
AU	IR	AY	OE	UR	EE	OW	NG	AY	UE	EE
a:	ɚ	eɪ	oʊ	ɚ	i:	aʊ	ŋ	eɪ	u:	i:

Lesson 16

Teacher's Instructions: *Play voice one*. Ask your students to practice the words and then to read out loud. When you have your work done, play *voice two*.

cool	with	party	mouth	this
/ˈkuːl/	/ˈwɪθ/	/ˈpaɚti/	/ˈmaʊθ/	/ˈðɪs/
seat	then	bird	how	stir
/ˈsiːt/	/ˈðɛn/	/ˈbɚd/	/ˈhaʊ/	/ˈstɚ/
team	dream	sand	now	gene
/ˈtiːm/	/ˈdriːm/	/ˈsænd/	/ˈnaʊ/	/ˈdʒiːn/
seem	sing	auto	shop	pan
/ˈsiːm/	/ˈsɪŋ/	/ˈaːtoʊ/	/ˈʃaːp/	/ˈpæn/
star	gang	nine	chop	cream
/ˈstaɚ/	/ˈgæŋ/	/ˈnaɪn/	/ˈtʃaːp/	/ˈkriːm/
March	dump	smile	pitch	cling
/ˈmaɚtʃ/	/ˈdʌmp/	/ˈsmajəl/	/ˈpɪtʃ/	/ˈklɪŋ/
ball	cut	pole	which	cute
/ˈbaːl/	/ˈkʌt/	/ˈpoʊl/	/ˈwɪtʃ/	/ˈkjuːt/
bell	August	tile	bring	pen
/ˈbɛl/	/aˈgʌst/	/ˈtajəl/	/ˈbrɪŋ/	/ˈpɛn/

Lesson 17

Teacher's Instructions: *Play voice one.* In this lesson, I have used some sounds that are very common in English words. There are some other different sounds for the *four-letter sounds* as well. Those lessons will be covered in the forthcoming lessons. Write down the chart below on a board, and point out the sounds when voice one is played. Let them do the additional practices for more understanding. Ask the students to practice the words with the sounds. When they finish, *play voice two*.

ture- /tʃɚ/	**dure- /dʒɚ/**	**tual- /tʃəwəl/**	**dual- /dʒəwəl/**
dule- /dʒuːl/	**tion- /ʃən/**	**sion- /ʒən/**	**tial- /ʃəl/**
sial- /ʃəl/	**cial- /ʃəl/**	**tian- /ʃən/**	**tain- /teɪn/**
sure- /ʒɚ/	**cian- /ʃən/**	**logy- /lədʒi/**	

ture /tʃɚ/	dure /dʒɚ/	tual /tʃəwəl/	dule /dʒuːl/	tion /ʃən/	sion /ʒən/	sial /ʃəl/	dual /dʒəwəl/
tial /ʃəl/	cial /ʃəl/	tian /ʃən/	tain /tn/	sure /ʒɚ/	cian /ʃən/	logy /lədʒi/	tury /tʃəri/

puncture /ˈpʌŋktʃɚ/	**gradual** /ˈgrædʒəwəl/
procedure /prəˈsiːdʒɚ/	**pleasure** /ˈplɛʒɚ/
punctual /ˈpʌŋktʃəwəl/	**histology** /histaːlədʒi/
individual /ˌɪndəˈvɪdʒəwəl/	**fracture** /ˈfræktʃɚ/
module /ˈmaːˌdʒuːl/	**essential** /ɪˈsɛnʃəl/
dictation /dɪkˈteɪʃən/	**musician** /mjuˈzɪʃən/
television /ˈtɛləˌvɪʒən/	**tension** /ˈtɛnʃən/
nuptial /ˈnʌpʃəl/	**measure** /ˈmɛʒɚ/
controversial /ˌkaːntrəˈvɚʃəl/	**fountain** /ˈfaʊntn/
special /ˈspɛʃəl/	**facial** /ˈfeɪʃəl/
Egyptian /ɪˈdʒɪpʃən/	**differential** /dɪfəˈrɛnʃəl/
mountain /ˈmaʊntn/	**schedule** /ˈskɛˌdʒuːl/
century /ˈsɛntʃəri/	**Haitian** /ˈheɪʃən/

Lesson 18

Teacher's Instructions: *Play voice one.* Give your students some time and check their reading. When you finish, *play voice two.* "Read after me" practices are attached after this lesson. Let them repeat.

sister	speak	brown	punctual
/ˈsɪstɚ/	/ˈspiːk/	/ˈbraʊn/	/ˈpʌŋktʃəwəl/
brother	brush	green	factory
/ˈbrʌðɚ/	/ˈbrʌʃ/	/ˈgriːn/	/ˈfæktəri/
arch	sleep	orange	dictation
/ˈaɚtʃ/	/ˈsliːp/	/ˈorɪndʒ/	/dɪkˈteɪʃən/
turtle	tree	buy	essential
/ˈtɚtl/	/ˈtriː/	/ˈbaɪ/	/ɪˈsɛnʃəl/
purple	stone	why	mountain
/ˈpɚpəl/	/ˈstoʊn/	/ˈwaɪ/	/ˈmaʊntn/
organism	those	lobby	pension
/ˈoɚgəˌnɪzəm/	/ˈðoʊz/	/ˈlaːbi/	/ˈpɛnʃən/
carpenter	these	finger	television
/ˈkaɚpəntɚ/	/ˈðiːz/	/ˈfɪŋgɚ/	/ˈtɛləˌvɪʒən/
burp	cloud	place	procedure
/ˈbɚp/	/ˈklaʊd/	/ˈpleɪs/	/prəˈsiːdʒɚ/
birth	crown	circle	histology
/ˈbɚθ/	/ˈkraʊn/	/ˈsɚkəl/	/histaːlədʒi/
animal	knob	circus	musician
/ˈænəməl/	/ˈnaːb/	/ˈsɚkəs/	/mjuˈzɪʃən/
sentence	limb	gradual	stain
/ˈsɛntn̩s/	/ˈlɪm/	/ˈgrædʒəwəl/	/ˈsteɪn/

Read After Me 1

Ring the bell.	Stand still!
Open the book.	Draw a picture.
Shut the door.	Open your mouth!
Get ready!	Close your eyes.
Clean your room.	Show your pinky!
Wash your face!	Throw the ball!
Brush your teeth.	Catch the fish.
Have your meals.	Fly a kite!
Take a shower.	Nod your head!
Watch television.	Touch the ground!
Play with sister.	Smile at me!
Ride the bus.	Play together!
Wave your hands.	Go to bed!

Read After Me 2

Sing a song!	**Say something!**
Answer the door!	**Can you help me?**
Turn around!	**Where are you going?**
Shake hand!	**Excuse me!**
Water the plants.	**I am sorry!**
What a mess!	**Doesn't matter!**
What time is it?	**Don't worry!**
Who are you?	**How are you?**
What is your name?	**What's your hobby?**
How old are you?	**Slow down!**
What are you doing?	**Pinch my cheek!**
What's that?	**It's cold!**
Wiggle your nose!	**It's hot!**

Read After Me 3

He has a car.	She is looking good.
He hugged her.	Keep running.
Stop talking.	She has just gone out.
Tell me what you want.	Who do you want to meet?
What are you looking for?	I have been here since 2002.
Who is your favorite singer?	Who do you think you are?
I don't think we should do that.	Come over here!
What's going on?	What's the matter?
When are you going Canada?	May I come in?
The cold is terrible today.	What's the weather like today?
Martin saved her from the fire.	He was standing.
Keep away from the dog.	Please think about it.

Lesson 19

Teacher's Instructions: *Play voice one.* In the short words (less than three syllables), *Y* sounds like /aɪ/ at the end of the words. In long words, it sounds like /ɪ/. Some exceptions are also there. Like *satisfy, classify, and beautify* where the *y* gives the sound /aɪ/. When they finish, explain the exceptions and *play voice two.*

Y at the End of the Words	
by /ˈbaɪ/	**tummy** /ˈtʌmi/
buy /ˈbaɪ/	**hobby** /ˈhaːbi/
cry /ˈkraɪ/	**lobby** /ˈlaːbi/
fly /ˈflaɪ/	**candy** /ˈkændi/
fry /ˈfraɪ/	**party** /ˈpaɚti/
try /ˈtraɪ/	**naughty** /ˈnaːti/
shy /ˈʃaɪ/	**beauty** /ˈbjuːti/
sly /ˈslaɪ/	**chubby** /ˈtʃʌbi/
dry /ˈdraɪ/	**dummy** /ˈdʌmi/
my /ˈmaɪ/	**muddy** /ˈmʌdi/
thy /ˈðaɪ/	**biology** /baɪˈaːlədʒi/
why /ˈwaɪ/	**tricky** /ˈtrɪki/
guy /ˈgaɪ/	**sticky** /ˈstɪki/
dye /ˈdaɪ/	**difficulty** /ˈdɪfɪkəlti/

Teacher's Instructions: *Play voice one.* Let them read the words by themselves. Write down all the two-letter sounds and help them recall the sounds and the keys. When they finish, ask them to read out loud. *Play voice two.*

ee - i:	ea - i:
bee /'bi:/	tea /'ti:/
flee /'fli:/	team /'ti:m/
meet /'mi:t/	cream /'kri:m/
sheet /'ʃi:t/	dream /'dri:m/
seed /'si:d/	mean /'mi:n/
spleen /'spli:n/	beat /'bi:t/
seem /'si:m/	neat /'ni:t/
seen /'si:n/	heat /'hi:t/
teen /'ti:n/	lead /'li:d/
keep /'ki:p/	treat /'tri:t/
deep /'di:p/	sea /'si:/
jeep /'dʒi:p/	eat /'i:t/
peep /'pi:p/	beach /'bi:tʃ/
steel /'sti:l/	meat /'mi:t/

Teacher's Instructions: *Play voice one.* Write down some words with /aʊ/ sound, like *how, now, cow, bow, brow,* and so on. So they may understand more. When they read, observe their pronunciation whether they make any mistakes. When you are done your lessons, *play voice two.*

OW - oʊ	aw - ɑː
grow /ˈɡroʊ/	**claw** /ˈklɑː/
glow /ˈɡloʊ/	**caw** /ˈkɑː/
slow /ˈsloʊ/	**draw** /ˈdrɑː/
blow /ˈbloʊ/	**jaw** /ˈdʒɑː/
flow /ˈfloʊ/	**law** /ˈlɑː/
bestow /bɪˈstoʊ/	**maw** /ˈmɑː/
mow /ˈmoʊ/	**paw** /ˈpɑː/
show /ʃoʊ/	**raw** /ˈrɑː/
row /ˈroʊ/	**saw** /ˈsɑː/
stow /ˈstoʊ/	**yaw** /ˈjɑː/
tow /ˈtoʊ/	**flaw** /ˈflɑː/
narrow /ˈneroʊ/	**straw** /ˈstrɑː/
sow /ˈsoʊ/	**macaw** /məˈkɑː/

Lesson 22

Teacher's Instructions: *Play voice one.* There are exceptions too. Like *shoe* /ʃuː/. Tell your students that in English, exceptions are always there. Ask them to read louder and play *voice two*.

oe - oʊ	oa - oʊ
toe /ˈtoʊ/	**load** /ˈloʊd/
hoe /ˈhoʊ/	**road** /ˈroʊd/
foe /ˈfoʊ/	**boat** /ˈboʊt/
woe /ˈwoʊ/	**toad** /ˈtoʊd/
floe /ˈfloʊ/	**goat** /ˈgoʊt/
doe /ˈdoʊ/	**coat** /ˈkoʊt/
aloe /ˈæloʊ/	**foam** /ˈfoʊm/
shoe /ˈʃuː/	**goal** /ˈgoʊl/
canoe /kəˈnuː/	**moan** /ˈmoʊn/
oboe /ˈoʊboʊ/	**coal** /ˈkoʊl/
poem /powəm/	**coach** /ˈkoʊtʃ/
goes /ˈgoʊz/	**float** /ˈfloʊt/
mistletoe /ˈmɪsəlˌtoʊ/	**throat** /ˈθroʊt/

Lesson 23

Teacher's Instructions: *Play voice one.* This lesson is a little difficult for the students to understand. Write down the table below on the board and explain the differences. Give them enough time. Sometimes you may need repetition. Play the CD a couple of times until they understand the sounds. Ask them to read the words louder, then *play voice two.*

Cue	blue	blew	few
/kju:/	/blu:/	/blu:/	/fju:/
/ju:/	/u:/	/u:/	/ju:/

Ue doesn't have a sound when it is followed by *q* and *g*.

Plaque	plague	vague
/plæk/	/pleɪg/	/veɪg/
Exception: argue		

ue -juː, uː	ew - juː, uː
cue /ˈkjuː/	**blew** /ˈbluː/
blue /ˈbluː/	**dew** /ˈduː/
due /ˈduː/	**drew** /ˈdruː/
flue /ˈfluː/	**grew** /ˈgruː/
glue /ˈgluː/	**few** /ˈfjuː/
hue /ˈhjuː/	**slew** /ˈsluː/
rue /ˈruː/	**flew** /ˈfluː/
sue /ˈsuː/	**Jew** /ˈʤuː/
clue /ˈkluː/	**new** /ˈnuː/
issue /ˈɪʃuː/	**pew** /ˈpjuː/
tissue /ˈtɪʃu/	**stew** /ˈstuː/
ensue /ɪnˈsuː/	**yew** /ˈjuː/
plaque /ˈplæk/	**brew** /ˈbruː/
plague /ˈpleɪg/	**whew** /ˈhjuː/

Teacher's Instructions: *Play voice one.* Ask your students to practice the words and read them louder, then play *voice two.*

ay - eɪ	ai - eɪ
bay /ˈbeɪ/	tail /ˈteɪl/
day /ˈdeɪ/	pail /ˈpeɪl/
hay /ˈheɪ/	stain /ˈsteɪn/
pay /ˈpeɪ/	bail /ˈbeɪl/
may /ˈmeɪ/	drain /ˈdreɪn/
way /ˈweɪ/	rain /ˈreɪn/
play /ˈpleɪ/	pain /ˈpeɪn/
spray /ˈspreɪ/	sail /ˈseɪl/
stay /ˈsteɪ/	mail /ˈmeɪl/
gray /ˈgreɪ/	nail /ˈneɪl/
tray /ˈtreɪ/	fail /ˈfeɪl/
okay /oʊˈkeɪ/	hail /ˈheɪl/
lay /ˈleɪ/	jail /ˈdʒeɪl/
ray /ˈreɪ/	lain /ˈleɪn/
gay /ˈgeɪ/	main /ˈmeɪn/

Teacher's Instructions: *Play voice one.* Write down some example words that have the *ow* that sound /oʊ/ (e.g., *grow*, *narrow*, and so on). This may help them understand the two different sounds that *OW* has. When they finish practicing, ask them to read the words louder as usual. And then *play voice two. Let them practice the "read after me" sentences until they get the correct pronunciation.*

OU- aʊ	**OW- aʊ**
mouth /ˈmaʊθ/	**down** /ˈdaʊn/
out /ˈaʊt/	**brown** /ˈbraʊn/
couch /ˈkaʊtʃ/	**crown** /ˈkraʊn/
pouch /ˈpaʊtʃ/	**how** /ˈhaʊ/
mount /ˈmaʊnt/	**now** /ˈnaʊ/
pound /ˈpaʊnd/	**drown** /ˈdraʊn/
bound /ˈbaʊnd/	**howl** /ˈhawəl/
loud /ˈlaʊd/	**town** /ˈtaʊn/
round /ˈraʊnd/	**bow** /ˈbaʊ/
around /əˈraʊnd/	**vow** /ˈvaʊ/
sound /ˈsaʊnd/	**clown** /ˈklaʊn/
noun /ˈnaʊn/	**gown** /ˈgaʊn/
ground /ˈgraʊnd/	**crowd** /ˈkraʊd/
ouch /ˈaʊtʃ/	**cow** /ˈkaʊ/
count /ˈkaʊnt/	**owl** /ˈawəl/

Read After Me 1

Before that.	What day is it?
Come after me!	No problem!
It's yummy.	I don't care!
I don't know.	What do you say?
I understand.	May I go?
Keep quiet!	Shall I go?
I am tired.	Can you swim?
She is sick.	Thank you very much!
My father is a doctor.	You are welcome!
I like you.	Wait a minute!
I don't like it.	Hurry up!
She doesn't know.	Don't fight!
What time is it?	Get closer!

Read After Me 2

It's interesting!	Please listen!
It's boring!	Write down!
I am done.	Time to go!
Way to go!	It's Wednesday!
Take care!	My friend is sick!
What do you want?	My mother is a lawyer.
Let's go!	I like painting.
Let's not go!	I help people.
Cross the road!	They are running!
Don't cry!	Watch your steps!
Sit down!	Ride the bike.
Hang around!	Be happy!
Get dressed!	Don't be sad!

Read After Me 3

I found a pair of gloves on the chair.	Practice makes perfect.
We are in the same class.	I suppose so.
I often talk to him on the phone.	There is a spider on the wall.
Carelessness causes mistakes.	She is beautiful.
He lives in Chicago.	My father is in the hospital.
Out of sight out of mind.	Please be patient!
Raise your arms.	Don't be so rude!
I have to study.	Protect your environment.
She has to go now.	Adaptation is survival.
We should be on time.	What would you like to eat?
I am interested in arts.	What do you prefer?
Climbing mountain is fun.	What does your father do?
I take a walk everyday.	I hate being kept waiting.

Teacher's Instructions: *Play voice one*. Ask your students to repeat the sounds a couple of times until they get the correct pronunciation. Let them practice. Check their reading. When you are done, *play voice two*.

ch- tʃ	sh- ʃ
pinch /ˈpɪntʃ/	**crush** /ˈkrʌʃ/
punch /ˈpʌntʃ/	**brush** /ˈbrʌʃ/
chin /ˈtʃɪn/	**splash** /ˈsplæʃ/
chair /ˈtʃeɚ/	**dash** /ˈdæʃ/
cheep /ˈtʃiːp/	**sheet** /ˈʃiːt/
bleach /ˈbliːtʃ/	**sheep** /ˈʃiːp/
peach /ˈpiːtʃ/	**shop** /ˈʃaːp/
chart /ˈtʃaɚt/	**shot** /ˈʃaːt/
torch /ˈtoɚtʃ/	**shine** /ˈʃaɪn/
cheat /ˈtʃiːt/	**sharp** /ˈʃaɚp/
pouch /ˈpaʊtʃ/	**shy** /ˈʃaɪ/
couch /ˈkaʊtʃ/	**wash** /ˈwaːʃ/
cheetah /ˈtʃiːtə/	**crash** /ˈkræʃ/
chain /ˈtʃeɪn/	**mash** /ˈmæʃ/
chat /ˈtʃæt/	**dish** /ˈdɪʃ/

Lesson 27

Teacher's Instructions: *Play voice one*. Write down the table below on the board and explain the sounds. Write some more words that have *au* and *al* and explain. After you finish checking their reading, *play voice two*.

Example

Launch	small
/lɑːntʃ/	/smɑːl/
/ɑː/	/ɑː/

al- *a:*	**au-** *a:*
mall /ˈmaːl/	**auto** /ˈaːtoʊ/
hall /ˈhaːl/	**daub** /ˈdaːb/
small /ˈsmaːl/	**fault** /ˈfaːlt/
tall /ˈtaːl/	**haul** /ˈhaːl/
chalk /ˈtʃaːk/	**Paul** /ˈpaːl/
stalk /ˈstaːk/	**launch** /ˈlaːntʃ/
walk /ˈwaːk/	**vault** /ˈvaːlt/
calm /ˈkaːm/	**gaudy** /ˈgaːdi/
call /ˈkaːl/	**taunt** /ˈtaːnt/
fall /ˈfaːl/	**pause** /ˈpaːz/
gall /ˈgaːl/	**jaunt** /ˈdʒaːnt/
all /ˈaːl/	**fauna** /ˈfaːnə/
halt /ˈhaːlt/	**nausea** /ˈnaːzijə/
ball /ˈbaːl/	**sauna** /ˈsaːnə/
stall /ˈstaːl/	**bauble** /ˈbaːbəl/

Lesson 28

Teacher's Instructions: *Play voice one.* Write the table below on the board with more words that sound /θ/ and /ð/. Explain the difference. When you have your work done, *play voice two.*

Example

Phone	thin	this	then	than	there
/foʊn/	/θɪn/	/ðɪs/	/ðɛn/	/ðæn/	/ðeɚ/
/f/	/θ/	/ð/	/ð/	/ð/	/ð/

ph- f	th- θ, ð
photo /ˈfoʊtoʊ/	**thin** /ˈθɪn/
phone /ˈfoʊn/	**thick** /ˈθɪk/
pharmacy /ˈfaɚməsi/	**with** /ˈwɪθ/
graph /ˈɡræf/	**this** /ðɪs/
phonics /ˈfɑːnɪks/	**three** /ˈθriː/
phase /ˈfeɪz/	**think** /ˈθɪŋk/
phylum /ˈfaɪləm/	**thrill** /ˈθrɪl/
phonetics /fəˈnɛtɪks/	**path** /ˈpæθ/
phrase /ˈfreɪz/	**thirty** /ˈθɚti/
phony /ˈfoʊni/	**length** /ˈlɛŋθ/
physics /ˈfɪzɪks/	**width** /ˈwɪdθ/
graphic /ˈɡræfɪk/	**pathetic** /pəˈθɛtɪk/
triumph /ˈtraɪəmf/	**method** /ˈmɛθəd/
elephant /ˈɛləfənt/	**teeth** /ˈtiːθ/
physical /ˈfɪzɪkəl/	**fifth** /ˈfɪfθ/

Lesson 29

Teacher's Instructions: *Play voice one.* Write down the table below on the board and explain the changes. This lesson also needs some repetition. Ask your students to read out loud. When they finish, play *voice two*.

Example

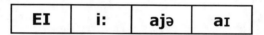

EI	i:	ajə	aɪ

piece	diet	pie	believe
/piːs/	/dajət/	/paɪ/	/bə'liːv/

EI=	i:	eɪ

seize	feign	eight	deceive
/siːz/	/feɪn/	/eɪt/	/dɪ'siːv/

ie- aɪ, iː, aɪˈɛ, iˈɛ	ei- eɪ, iː, iɚ, aɪ
biennial /baɪˈɛnijəl/	**beige** /ˈbeɪʒ/
die /ˈdaɪ/	**being** /ˈbiːjɪŋ/
diet /ˈdajət/	**ceiling** /ˈsiːlɪŋ/
diesel /ˈdiːzəl/	**weird** /ˈwiɚd/
field /ˈfiːld/	**deity** /ˈdejəti/
hierarchy /ˈhajəˌraɚki/	**deign** /ˈdeɪn/
lie /ˈlaɪ/	**feign** /ˈfeɪn/
lien /ˈliːn/	**feint** /ˈfeɪnt/
niece /ˈniːs/	**heir** /ˈeɚ/
pie /ˈpaɪ/	**height** /ˈhaɪt/
piece /ˈpiːs/	**eight** /ˈeɪt/
siege /ˈsiːʤ/	**leisure** /ˈliːʒɚ/
sieve /ˈsɪv/	**neigh** /ˈneɪ/
siesta /siˈɛstə/	**neither** /ˈniːðɚ/
tie /ˈtaɪ/	**reign** /ˈreɪn/

Lesson 30

Teacher's Instructions: *Play voice one.* Write down some *ch* words on the board with the /tʃ/ sound (e.g., *chip, chalk, cheek*) and /k/ sound (e.g., *choir, stomach, black*) and help them differentiate the sounds. When you finish, *play voice two. Let them practice the "read after me" a couple of times until they get the proper pronunciation.*

ch- k	ck- k
choir /ˈkwajɚ/	**clock** /ˈklɑːk/
chord /ˈkoɚd/	**black** /ˈblæk/
chorus /ˈkorəs/	**smack** /ˈsmæk/
character /ˈkerɪktɚ/	**kick** /ˈkɪk/
charismatic /ˌkerəzˈmætɪk/	**sick** /ˈsɪk/
Christ /ˈkraɪst/	**prick** /ˈprɪk/
chaos /ˈkeɪˌɑːs/	**wicket** /ˈwɪkət/
chronic /ˈkrɑːnɪk/	**thick** /ˈθɪk/
archive /ˈɑɚˌkaɪv/	**stick** /ˈstɪk/
stomach /ˈstʌmək/	**acknowledge** /ɪkˈnɑːlɪdʒ/
chlorine /ˈkloɚˌiːn/	**blockade** /blɑˈkeɪd/
catechism /ˈkætəˌkɪzəm/	**cracker** /ˈkrækɚ/
choreography /ˌkoriˈɑːgrəfi/	**snack** /ˈsnæk/

Read After Me 1

There is a ball on the table.

The man is standing between you and me.

They are talking about you.

The boy threw the ball over the fence.

Somebody is hiding in the backyard.

Yesterday was a holiday.

There are seven days in a week.

Write the correct answer.

Fill in the blanks.

How many people are there in your family?

My favorite color is purple.

I want to be an actor.

The dog is sleeping under the chair.

Read After Me 2

He went to the house.

My mom gave me a present.

The monkey is in the cage.

It was very exciting.

I like all animals except snakes.

I saw some birds flying.

There is some food in my bag.

I found my wallet.

Face is the index of the mind.

An empty purse frightens away friends.

April showers bring May flowers.

A young idler, an old beggar.

Bad news travels fast.

Read After Me 3

- I get up in the morning.

- I brush my teeth.

- I wash my face.

- I have my breakfast.

- I go to school.

- I study my lessons.

- I have my lunch.

- I comeback home.

- I take a shower.

- I play with my friends.

- I watch television.

- I do my homework.

- I have my dinner.

- I go to bed.

Teacher's Instructions: *Play voice one*. Write the table below on the board and explain the tongue position. The tongue touches the upper teeth when *L* is pronounced. The tongue doesn't touch the upper teeth when *R* is pronounced. Ask them to practice the two letters a couple of times, and go into the lesson. When they finish their work, *play voice two*.

Example

red	read	leg	lead
/rɛd/	/riːd/	/lɛg/	/liːd/
/r/	/r/	/l/	/l/

l- l	r- r
light /ˈlaɪt/	right /ˈraɪt/
little /ˈlɪtl/	bright /ˈbraɪt/
litter /ˈlɪtɚ/	brake /ˈbreɪk/
black /ˈblæk/	crash /ˈkræʃ/
lack /ˈlæk/	rich /ˈrɪtʃ/
luck /ˈlʌk/	brick /ˈbrɪk/
bless /ˈblɛs/	trick /ˈtrɪk/
class /ˈklæs/	drink /ˈdrɪŋk/
like /ˈlaɪk/	drill /ˈdrɪl/
slice /ˈslaɪs/	rice /ˈraɪs/
lock /ˈlaːk/	dress /ˈdrɛs/
clock /ˈklaːk/	relay /rɪˈleɪ/
glare /ˈgleɚ/	butter /ˈbʌtɚ/
gargle /ˈgaɚgəl/	better /ˈbɛtɚ/

Lesson 32

Teacher's Instructions: *Play voice one.* When your students pronounce letters *T* and *D*, make sure they are doing that correctly. When they finish practicing, ask them to read one word from *T* and one from *D*. This may help them recognize the sounds well. *Play voice two* when you finish.

t- t	d- d
tip /ˈtɪp/	dip /ˈdɪp/
ten /ˈtɛn/	den /ˈdɛn/
tin /ˈtɪn/	din /ˈdɪn/
tub /ˈtʌb/	dub /ˈdʌb/
teem /ˈtiːm/	deem /ˈdiːm/
triple /ˈtrɪpəl/	dribble /ˈdrɪbəl/
toll /ˈtoʊl/	doll /ˈdaːl/
till /ˈtɪl/	dill /ˈdɪl/
tusk /ˈtʌsk/	dusk /ˈdʌsk/
tame /ˈteɪm/	dame /ˈdeɪm/
time /ˈtaɪm/	dime /ˈdaɪm/
taunt /ˈtaːnt/	daunt /ˈdaːnt/
tone /ˈtoʊn/	dad /ˈdæd/
tab /ˈtæb/	dab /ˈdæb/
tent /ˈtɛnt/	dent /ˈdɛnt/

Lesson 33

Teacher's Instructions: *Play voice one.* Observe your students if they are pronouncing the words and the sounds properly. Reading out loud, constant reading, and listening to audio files are the key factors to improve reading. Always instruct them to do so. When you finish, *play voice two.*

p- p	b- b
pan /ˈpæn/	ban /ˈbæn/
pin /ˈpɪn/	bin /ˈbɪn/
pill /ˈpɪl/	bill /ˈbɪl/
pat /ˈpæt/	bat /ˈbæt/
pet /ˈpɛt/	bet /ˈbɛt/
put /ˈpʊt/	but /ˈbʌt/
pit /ˈpɪt/	bit /bɪt/
poll /ˈpoʊl/	boll /ˈboʊl/
prick /ˈprɪk/	brick /ˈbrɪk/
plank /ˈplæŋk/	blank /ˈblæŋk/
pray /ˈpreɪ/	bray /ˈbreɪ/
plush /ˈplʌʃ/	blush /ˈblʌʃ/
peach /ˈpiːtʃ/	beach /ˈbiːtʃ/
peep /ˈpiːp/	beep /ˈbiːp/
peer /ˈpiɚ/	beer /ˈbiɚ/
pillow /ˈpɪloʊ/	billow /ˈbɪloʊ/

Lesson 34

Teacher's Instructions: *Play voice one.* Most of the Asian languages don't have the /f/ sound. So students pronounce the /f/ sound like /p/. Observe the way they pronounce. Explain to them the lip and tongue positions to get the proper sound. After explaining, *play voice two.*

f- f	p- p
fast /ˈfæst/	past /ˈpæst/
fan /ˈfæn/	pan /ˈpæn/
fin /ˈfɪn/	pin /ˈpɪn/
file /ˈfajəl/	pile /ˈpajəl/
four /ˈfoɚ/	pour /ˈpoɚ/
far /ˈfaɚ/	par /ˈpaɚ/
fun /ˈfʌn/	pun /ˈpʌn/
fart /ˈfaɚt/	part /ˈpaɚt/
fill /ˈfɪl/	pill /ˈpɪl/
flank /ˈflæŋk/	plank /ˈplæŋk/
fool /ˈfuːl/	pool /ˈpuːl/
fort /foɚt/	port /ˈpoɚt/
flea /ˈfliː/	plea /ˈpliː/
found /ˈfaʊnd/	pound /ˈpaʊnd/
fester /ˈfɛstɚ/	pester /ˈpɛstɚ/

52

Lesson 35

Teacher's Instructions: *Play voice one.* Letter *C* has the soft /k/ sound, and the letter *G* has the deep /g/ sound. Teach them the way on how to pronounce. When they finish reading, ask them to read the words louder and *play voice two*.

c- k	g- g
cut /ˈkʌt/	gut /ˈgʌt/
cull /ˈkʌl/	gull /ˈgʌl/
cab /ˈkæb/	gab /ˈgæb/
cross /ˈkrɑːs/	gross /ˈgroʊs/
class /ˈklæs/	glass /ˈglæs/
cot /ˈkɑːt/	got /ˈgɑːt/
cap /ˈkæp/	gap /ˈgæp/
crib /ˈkrɪb/	grip /ˈgrɪp/
cable /ˈkeɪbəl/	gable /ˈgeɪbəl/
came /ˈkeɪm/	game /ˈgeɪm/
clue /ˈkluː/	glue /ˈgluː/
cone /ˈkoʊn/	gone /ˈgɑːn/
crab /ˈkræb/	grab /ˈgræb/
crass /ˈkræs/	grass /ˈgræs/
cod /ˈkɑːd/	god /ˈgɑːd/

Lesson 36

Teacher's Instructions: *Play voice one.* Some students make different sounds when they pronounce the name of letter *V* and its sound. Notice them carefully whether they are able to bring out the exact sound. Lip position is very important. *Play voice two* after the practice.

V- v	W- w
vial /ˈvajəl/	**while** /ˈwajəl/
vent /ˈvɛnt/	**went** /ˈwɛnt/
vine /ˈvaɪn/	**wine** /ˈwaɪn/
vet /ˈvɛt/	**wet** /ˈwɛt/
vile /ˈvajəl/	**wiles** /ˈwajəlz/
vest /ˈvɛst/	**west** /ˈwɛst/
veil /ˈveɪl/	**wheel** /ˈwiːl/
vital /ˈvaɪtəl/	**white** /ˈwaɪt/
veal /ˈviːl/	**weal** /ˈwiːl/
very /ˈveri/	**weary** /wiɚri/
voodoo /ˈvuːˌduː/	**wood** /ˈwʊd/
vim /ˈvɪm/	**whim** /ˈwɪm/
vein /ˈveɪn/	**wane** /ˈweɪn/
verb /ˈvɚb/	**word** /ˈwɚd/
vary /ˈveri/	**wary** /ˈweri/

Teacher's Instructions: *Play voice one.* Write the table below on the board and explain to the students when the letter *Z* sounds like /s/. Write some words with *X* from the table and explain that the letter *X* makes /ks/, /gs/, and /z/ sounds. When the students are done, *play voice two.* Let them practice the "read after me" phrases a couple of times till they get the correct pronunciation.

Example

klutz	quartz	blitz	waltz	hertz	chintz
/klʌts/	/kwoɚts/	/blɪts/	/waːlts/	/hɚts/	/tʃɪnts/

fox	axis	exist	exact	Xerox	xylem
/ˈfaːks/	/ˈæksəs/	/ɪgˈzɪst/	/ɪgˈzækt/	/ˈziɚˌaːks/	/ˈzaɪləm/

Douglas T. Roman

x- ks, gz, z	z- z, s
ax /ˈæks/	**zap** /ˈzæp/
fox /ˈfɑːks/	**zip** /ˈzɪp/
box /ˈbɑːks/	**zigzag** /ˈzɪɡˌzæɡ/
flex /ˈflɛks/	**Zambia** /ˈzæmbijə/
exist /ɪɡˈzɪst/	**zinc** /ˈzɪŋk/
example /ɪɡˈzæmpəl/	**zilch** /ˈzɪltʃ/
exercise /ˈɛksɚˌsaɪz/	**jazz** /ˈdʒæz/
excise /ˈɛkˌsaɪz/	**topaz** /ˈtoʊˌpæz/
extreme /ɪkˈstriːm/	**buzz** /ˈbʌz/
exact /ɪɡˈzækt/	**zebra** /ˈziːbrə/
axis /ˈæksəs/	**klutz** /ˈklʌts/
axle /ˈæksəl/	**raze** /ˈreɪz/
exile /ˈɛɡˌzajəl/	**zeal** /ˈziːl/
Xerox /ˈzɪɚˌɑːks/	**zoo** /ˈzuː/
oxygen /ˈɑːksɪdʒən/	**zodiac** /ˈzoʊdiˌæk/

Read After Me 1

Birds of a same feather flock together.

Diamond cuts diamond.

Easier said than done.

Every rose has its thorn.

Haste makes waste.

Health is better than wealth.

He who plays with fire gets burnt.

It's no use crying over spilt milk.

Knowledge is power.

All is fair in love and war.

All that glitters is not gold.

An apple a day keeps the doctor away.

A bad tree does not yield good fruits.

Read After Me 2

A bird in hand is worth two in a bush.

A fool and his money are soon parted.

A rotten apple spoils the barrel.

A tree is known by its fruit.

As you sow, so shall you reap.

Beauty is only skin-deep.

Blood is thicker than water.

Easy come, easy go.

First come, first served.

God helps those who help themselves.

Learn to walk before you run.

Love is blind.

Necessity is the mother of invention.

Read After Me 3

Cut to the chase.

Caught red-handed.

Head over heels.

Hit the nail on the head.

Barking up the wrong tree.

Big fish in a small pond.

Know which way the wind blows.

Keep your hands clean.

Paddle your own canoe.

Picture is worth a thousand words.

Put the cart before the horse.

Strike while the iron is hot.

The pen is mightier than the sword.

Lesson 38

Teacher's Instructions: *Play voice one.* Write down the table below on a board and explain how to pronounce the words that have *Y* and *J*. Show them the lip and tongue position when you teach. Ask them to read out loud. When they finish reading, *play voice two.*

Example

yet	yell	jet	jell
/jɛt/	/jɛl/	/dʒɛt/	/dʒɛl/

y- j	j- ʤ
yet /ˈjɛt/	**jet** /ˈʤɛt/
yip /ˈjɪp/	**jib** /ˈʤɪb/
yell /ˈjɛl/	**jell** /ˈʤɛl/
yoke /ˈjoʊk/	**joke** /ˈʤoʊk/
yam /ˈjæm/	**jam** /ˈʤæm/
yellow /ˈjɛloʊ/	**jealous** /ˈʤɛləs/
yard /ˈjaɚd/	**jab** /ˈʤæb/
yelp /ˈjɛlp/	**jeep** /ˈʤiːp/
yarn /ˈjaɚn/	**jacket** /ˈʤækət/
year /jiɚ/	**jeer** /ˈʤiɚ/
yeah /ˈjɛə/	**jar** /ˈʤaɚ/
yield /ˈjiːld/	**journey** /ˈʤɚni/
yogurt /ˈjoʊgɚt/	**jaundice** /ˈʤaːndəs/
yummy /ˈjʌmi/	**jubilee** /ˈʤuːbəˌliː/
yes /ˈjɛs/	**juice** /ˈʤuːs/
young /ˈjʌŋ/	**job** /ˈʤaːb/

Lesson 39

Teacher's Instructions: *Play voice one.* Some students struggle to read the words that start with *Q*. Ask them to read out loud. Write the table below on a board and explain the sound difference. When you read the words that start with *Q*, make your lips round. *Play voice two.*

Example

kit	quit	kiln	quiz
/kɪt/	/kwɪt/	/kɪln/	/kwɪz/

k- k	q- kw
kale /ˈkeɪl/	**quibble** /ˈkwɪbəl/
kill /ˈkɪl/	**quick** /ˈkwɪk/
keg /ˈkɛg/	**quad** /ˈkwɑːd/
keep /ˈkiːp/	**quack** /ˈkwæk/
kiss /ˈkɪs/	**quarter** /ˈkwoɚtɚ/
kick /ˈkɪk/	**quail** /ˈkweɪl/
knee /ˈniː/	**quaint** /ˈkweɪnt/
koala /kəˈwɑːlə/	**quarrel** /ˈkworəl/
knock /ˈnɑːk/	**quark** /ˈkwoɚk/
knack /ˈnæk/	**quit** /ˈkwɪt/
krill /ˈkrɪl/	**quite** /ˈkwaɪt/
kid /ˈkɪd/	**quiet** /ˈkwajət/
kidney /ˈkɪdni/	**quilt** /ˈkwɪlt/
kludge /ˈkluːʤ/	**quota** /ˈkwoʊtə/
keel /ˈkiːl/	**queen** /ˈkwiːn/

Teacher's Instructions: *Play voice* one. Write down the table below on the board and explain the lesson. *E* at the end of the words doesn't normally sound. But rarely it does. Ask the students to read out loud. When they finish, *play voice two*.

Example

ace	age	pace	page
/eɪs/	/eɪdʒ/	/peɪs/	/peɪdʒ/

ce- s	ge- ʤ
ace /ˈeɪs/	**age** /ˈeɪʤ/
race /ˈreɪs/	**rage** /ˈreɪʤ/
pace /ˈpeɪs/	**page** /ˈpeɪʤ/
chance /ˈtʃæns/	**change** /ˈtʃeɪnʤ/
place /ˈpleɪs/	**stage** /ˈsteɪʤ/
grace /ˈgreɪs/	**cage** /ˈkeɪʤ/
armistice /ˈaɚməstəs/	**rage** /ˈreɪʤ/
lace /ˈleɪs/	**dodge** /ˈdɑːʤ/
reduce /rɪˈduːs/	**charge** /ˈtʃaɚʤ/
dice /ˈdaɪs/	**fudge** /ˈfʌʤ/
face /ˈfeɪs/	**cabbage** /ˈkæbɪʤ/
rice /ˈraɪs/	**garbage** /ˈgaɚbɪʤ/
practice /ˈpræktəs/	**hedge** /ˈhɛʤ/
commerce /ˈkɑːmɚs/	**gouge** /gaʊʤ/
dance /ˈdæns/	**gauge** /ˈgeɪʤ/
finance /ˈfaɪˌnæns/	**huge** /ˈhjuːʤ/

Teacher's Instructions: *Play voice one.* Even though the letter *O* has the /ɑ:/ sound, it doesn't give the same sound in every position. Especially before the letters *I* and *Y,* the letter *O* gives the /o/ sound. Explain this and *play voice two.*

oi-ɔɪ,ojə	oy-ɔɪ
boil /ˈbojəl/	boy /bɔɪ/
coin /ˈkɔɪn/	coy /ˈkɔɪ/
ointment /ˈɔɪntmənt/	oyster /ˈɔɪstɚ/
hoist /ˈhɔɪst/	employ /ɪmˈplɔɪ/
noise /ˈnɔɪz/	toy /ˈtɔɪ/
soil /ˈsojəl/	enjoy /ɪnˈdʒɔɪ/
toil /ˈtojəl/	annoy /əˈnɔɪ/
groin /ˈgrɔɪn/	alloy /ˈæˌlɔɪ/
foil /ˈfojəl/	cloy /klɔi/

Lesson 42

Teacher's Instructions: *Play voice one.* The letter *W* followed by a *R* remains silent in English. In the same way the letter *K* followed by an *N* never makes any sound. After you finish explaining, play *voice two*.

wr- r	kn-n
write /ˈraɪt/	**know** /ˈnoʊ/
wrong /ˈrɑːŋ/	**knee** /ˈniː/
wrist /ˈrɪst/	**knock** /ˈnɑːk/
wrap /ˈræp/	**knuckle** /ˈnʌkəl/
wrestling /ˈrɛslɪŋ/	**knead** /ˈniːd/
wrench /ˈrɛntʃ/	**knit** /ˈnɪt/
wrote /ˈroʊt/	**knob** /ˈnɑːb/
wreck /rɛk/	**knack** /ˈnæk/
wriggle /rɪgəl/	**knickers** /ˈnɪkɚz/

Lesson 43

Teacher's Instructions: *Play voice one.* Write some words on the board from the table below. Sometimes students get confused when they read some words that start with *WH*. The letter *W* remains silent when *WH* is followed by the vowel *o*. With all other vowels, the letter *H* in the *WH* remains silent. Explain this and *play voice two*.

Example 1

who	whose	whole	wholly
/'hu:/	/'hu:z/	/'hoʊl/	/'hoʊli/
Exception: **whorl** /'wɚl/			

Example 2

white	whale	whup	when	why
/'wait/	/'weɪl/	/'wʊp	/'wɛn/	/'waɪ/

Wh

what	whom
/'wɑːt/	/'huːm/
which	whose
/'wɪtʃ/	/'huːz/
when	whole
/'wɛn/	/'hoʊl/
where	who
/'weɚ/	/'huː/
wheel	wheeze
/'wiːl/	/'wiːz/
why	whirl
/'waɪ/	/'wɚrl/
whack	wheat
/'wæk/	/'wiːt/
white	whup
/'waɪt/	/'wʊp/
while	whether
/'wajəl/	/'wɛðɚ/
whilst	whale
/'wajəlst/	/'weɪl/
whistle	whammy
/'wɪsəl/	/'wæmi/

Teacher's Instructions: *Play voice one.* EA has its /iː/ sound. But sometimes, the A remains silent in the *ea* and gives just the **/ɛ/** sound. In some other words, the vowel A in the *EA* joins with the following consonant. Write the table below on the board and explain. *Play voice two.*

Example

dear	bear	hear	beard	fear	gear
/ˈdiɚ/	/beɚ/	/hiɚ/	/ˈbiɚd/	/fiɚ/	/giɚ/

ea- iː	ea-ɛ
bead	bread
/ˈbiːd/	/ˈbrɛd/
teach	dead
/ˈtiːtʃ/	/ˈdɛd/
beach	dread
/ˈbiːtʃ/	/ˈdrɛd/
peat	weather
/ˈpiːt/	/ˈwɛðɚ/
feast	feather
/ˈfiːst/	/ˈfɛðɚ/
bleat	meadow
/ˈbliːt/	/ˈmɛdoʊ/
bleach	breath
/ˈbliːtʃ/	/ˈbrɛθ/
heal	health
/ˈhiːl/	/ˈhɛlθ/
zeal	zealous
/ˈziːəl/	/ˈzɛləs/
weal	wealth
/ˈwiːəl/	/ˈwɛlθ/
leap	steady
/ˈliːp/	/ˈstɛdi/

Lesson 45

Teacher's Instructions: *Play voice one.* Use a dictionary and see how many words in the workbook have glottal stops, like bæt̩l and lɪtl. Write down the words on the board, and have your students read them louder. *Play voice two.*

Example

apple	marble	turtle	purple	circle	cradle
/æpəl/	/mɑɚbəl/	/tɚtl/	/pɚpəl/	/sɚkəl/	/kreɪdl̩/
cycle	temple	kettle	battle	paddle	cattle
/saɪkəl/	/tɛmpəl/	/kɛtl/	/bætl/	/pædl̩/	/kætl/

Words End with *le*

apple /ˈæpəl/	**dimple** /ˈdɪmpəl/
marble /ˈmɑɚbəl/	**pimple** /ˈpɪmpəl/
turtle /ˈtɚtl/	**little** /ˈlɪtl/
purple /ˈpɚpəl/	**wiggle** /ˈwɪgəl/
circle /ˈsɚkəl/	**shuttle** /ˈʃʌtl/
cradle /ˈkreɪdl/	**saddle** /ˈsædl̟/
cycle /ˈsaɪkəl/	**brittle** /ˈbrɪtl/
temple /ˈtɛmpəl/	**nibble** /ˈnɪbəl/
kettle /ˈkɛtl/	**puddle** /ˈpʌdl/
battle /ˈbætl/	**castle** /ˈkæsəl/
cattle /ˈkætl/	**subtle** /ˈsʌtl/
simple /ˈsɪmpəl/	**tackle** /ˈtækəl/
buckle /ˈbʌkəl/	**sickle** /ˈsɪkəl/
giggle /ˈgɪgəl/	**hustle** /ˈhʌsəl/

Lesson 46

Teacher's Instructions: *Play voice one.* Ask your students to underline the letters that don't have sounds, just as the words given below. Write down the words below and explain the way how it should be done. This lesson should be repeated a couple of times for them to understand well. When they finish, ask them to read the words louder then *play voice two*.

Example

sight	debt	reign	hymn	phlegm
/saɪt/	/dɛt/	/reɪn/	/hɪm/	/flɛm/

Gh doesn't sound in the middle of the words.

Light	sight	night	might	bright	bought
/laɪt/	/saɪt/	/naɪt/	/maɪt/	/braɪt/	/'bɑːt/

gh ---, mn-m, gn-n, gm-m, bt-t, kn-n, mb-m	
light /ˈlaɪt/	**sign** /ˈsaɪn/
might /ˈmaɪt/	**resign** /rɪˈzaɪn/
sight /ˈsaɪt/	**campaign** /kæmˈpeɪn/
comb /ˈkoʊm/	**foreign** /ˈforən/
bright /ˈbraɪt/	**phlegm** /ˈflɛm/
night /ˈnaɪt/	**knee** /niː/
right /ˈraɪt/	**damn** /ˈdæm/
dumb /ˈdʌm/	**hymn** /ˈhɪm/
bought /ˈbɑːt/	**doubt** /ˈdaʊt/
taught /ˈtiːt/	**condemn** /kənˈdɛm/
caught /ˈkɑːt/	**debt** /ˈdɛt/
thought /ˈθɑːt/	**assign** /əˈsaɪn/
high /ˈhaɪ/	**reign** /ˈreɪn/
knuckle /ˈnʌkəl/	**gnash** /ˈnæʃ/

Lesson 47

Teacher's Instructions: *Play voice one.* In this lesson, there are some exceptions with the letter *g*. First of all, write down the table given below on the board and explain to the students how it changes. Write the words below to show the exceptions.

Example 1

cider	cent	cyber
/saɪdɚ/	/sɛnt/	/saɪbɚ/
gist	gem	gym
/dʒɪst/	/dʒɛm/	/dʒɪm/

Example 2 (exceptions)

giggle	gibbon	give	gecko	gear	get	girl
/gɪgəl/	/gɪbən/	/gɪv/	/gɛkoʊ/	/giɚ/	/gɛt/	/gɚl/

C and *G* with *I*, *E*, and *Y*

cent /ˈsɛnt/	**cyan** /ˈsaɪˌæn/	**gem** /ˈdʒɛm/	**gibber** /ˈdʒɪbɚ/
scent /ˈsɛnt/	**cyber** /ˈsaɪbɚ/	**geek** /ˈgiːk/	**giant** /ˈdʒajənt/
chance /ˈtʃæns/	**cyanide** /ˈsajəˌnaɪd/	**gelatin** /ˈdʒɛlətən/	**gill** /ˈgɪl/
cease /ˈsiːs/	**cycle** /ˈsaɪkəl/	**gel** /ˈdʒɛl/	**gin** /ˈdʒɪn/
celery /ˈsɛləri/	**cygnet** /ˈsɪgnət/	**Gemini** /ˈdʒɛməni/	**ginger** /ˈdʒɪndʒɚ/
celebrity /səˈlɛbrəti/	**cylinder** /ˈsɪləndɚ/	**gender** /ˈdʒɛndɚ/	**gift** /ˈgɪft/
celebrate /ˈsɛləˌbreɪt/	**cymbal** /ˈsɪmbəl/	**general** /ˈdʒɛnrəl/	**giggle** /ˈgɪgəl/
cell /ˈsɛl/	**cynical** /ˈsɪnɪkəl/	**geology** /dʒiˈaːlədʒi/	**giraffe** /dʒəˈræf/
ceramic /səˈræmɪk/	**Cyprus** /ˈsaɪprəs/	**germ** /ˈdʒɚm/	**gigantic** /dʒaɪˈgæntɪk/
pace /ˈpeɪs/	**juicy** /ˈdʒuːsi/	**German** /ˈdʒɚmən/	**gym** /ˈdʒɪm/
race /ˈreɪs/	**spicy** /ˈspaɪsi/	**orange** /ˈorɪndʒ/	**gyp** /ˈdʒɪp/
nice /ˈnaɪs/	**prophecy** /ˈpraːfəsi/	**page** /ˈpeɪdʒ/	**gypsum** /ˈdʒɪpsəm/
space /ˈspeɪs/	**lacy** /ˈleɪsi/	**age** /ˈeɪdʒ/	**apology** /əˈpaːlədʒi/
cicada /səˈkeɪdə/	**saucy** /saːsi/	**advantage** /ədvæntɪdʒ/	**Egypt** /iːdʒɪpt/
cinema /sɪnəmə/	**conspiracy** /kənspirəsi/	**cage** /keɪdʒ/	**histology** /hɪstaːlədʒi/

Lesson 48

Teacher's Instructions: *Play voice one.* The letter *E* plays a vital role to change the sounds in English words when it comes at the end of the words. Even though *E* remains silent at the end of the words, it changes the sound of the vowel that comes in the word. Tell the students that *E* doesn't sound at the end of the words. But rarely it does. E.g., acne, simile *Play voice two*.

ar- aɚ	are- eɚ
star	stare
/staɚ/	/st eɚ/
far	fare
/faɚ/	/f eɚ/
bar	bare
/baɚ/	/b eɚ/
par	pare
/paɚ/	/p eɚ/
scar	scare
/skaɚ/	/sk eɚ/
spar	spare
/spaɚ/	/sp eɚ/
war	ware
/woɚ/	/w eɚ/
car	care
/kaɚ/	/k eɚ/
mar	mare
/maɚ/	/m eɚ/

Lesson 49

Teacher's Instructions: *Play voice one.* When they finish practicing, ask them to read out loud and *play voice two.*

oo u:	ee i:	au a:	al a:	ou aʊ	ng ŋ	ar aɚ	er ɚ	ir ɚ	or ɚ	ur ɚ	ck k	ch tʃ	ay eɪ
ai eɪ	sh ʃ	th ð /θ	ph f	gh ---	oa oʊ	ce s	ge ʤ	mb m	gn n	kn n	bt t	ow oʊ	

dure ʤɚ		tual tʃəwəl		dual ʤəwəl		tial ʃəl		cial ʃəl		dule ʤu:l	
sion ʒən		**cion** ʃən		**sure** ʒɚ		**ture** tʃɚ		**tion** ʃən		**tain** **tn**	

spoon /ˈspu:n/	shout /ˈʃaʊt/	individual /ɪndəˈvɪʤəwəl/	noodle /ˈnu:dl̩/
spleen /ˈspli:n/	thick /ˈθɪk/	facial /ˈfeɪʃəl/	vision /ˈvɪʒən/
teach /ˈti:tʃ/	phone /ˈfoʊn/	essential /ɪˈsɛnʃəl/	pimple /ˈpɪmpəl/
stalk /ˈsta:k/	shine /ˈʃaɪn/	schedule /ˈskɛˌʤu:l/	punctual /ˈpʌŋktʃəwəl/
caution /ˈka:ʃən/	graph /ˈgræf/	measure /ˈmɛʒɚ/	hippopotamus /ˌhɪpəˈpa:təməs/
mouth /ˈmaʊθ/	light /ˈlaɪt/	special /ˈspɛʃəl/	debt /ˈdɛt/
mountain /ˈmaʊntn/	toad /ˈtoʊd/	fracture /ˈfræktʃɚ/	doctor /ˈda:ktɚ/
throw /ˈθroʊ/	road /ˈroʊd/	pleasure /ˈplɛʒɚ/	sign /ˈsaɪn/
singing /ˈsɪ ŋɪŋ/	race /ˈreɪs/	spine /ˈspaɪn/	curl /ˈkɚl/
snarl /ˈsnaɚl/	branch /ˈbræntʃ/	telescope /ˈtɛləˌskoʊp/	climb /ˈklaɪm/
prick /ˈprɪk/	cabbage /ˈkæbɪʤ/	stethoscope /ˈstɛθəˌskoʊp/	knock /ˈna:k/
cheap /ˈtʃi:p/	garbage /ˈgaɚbɪʤ/	contribute /kənˈtrɪbju:t/	comb /ˈkoʊm/
pray /ˈpreɪ/	pension /ˈpɛnʃən/	birth /ˈbɚθ/	clock /ˈkla:k/
stain /ˈsteɪn/	motion /ˈmoʊʃən/	hymn /ˈhɪm/	shock /ˈʃa:k/

Lesson 50

Teacher's Instructions: *Play voice* one. There are also other words like *little*, *battle*, and *cattle* that have glottal stops. Write those words on the board and ask them to read. You can see more on our lesson 45. When they finish practice reading, ask them to read louder and then *play voice two.*

tain- tn̩, teɪn	tant- **tn̩t, tənt**	ent -ənt, n̩t
fount(ai)n /ˈfaʊntn̩/	instant /ˈɪnstənt/	cresc(e)nt /ˈkrɛsn̩t/
mount(ai)n / maʊntn̩/	pollut(a)nt /pəluːtnt/	sufficient /səˈfɪʃənt/
attain / əteɪn/	combat(a)nt /kəmbætnt/	pres(e)nt /ˈprɛznt̩/
plant(ai)n /plæntn̩/	import(a)nt /ɪmpoˑtnt/	rec(e)nt /ˈriːsn̩t/
entertain /ɛntəˈteɪn/	hesitant /ˈhɛzətənt/	dec(e)nt /ˈdiːsn̩t/
maintain /meɪnˈteɪn/	irritant / ˈirətənt/	cent /ˈsɛnt/
Brit(ai)n /ˈbrɪtn̩/	resistant /rɪˈzɪstənt/	percent /pəˈsɛnt/
contain /kənˈteɪn/	expectant /ɪkˈspɛktənt/	adolesc(e)nt /ædəˈlɛsn̩t/
detain /dɪˈteɪn/	reluctant /rɪˈlʌktənt/	innocent / ˈɪnəsənt/
cert(ai)n /ˈsəˑtn̩/	mut(a)nt /ˈmjuːtn̩t/	fluores(ce)nt /flʊˈrɛsn̩t/
curt(ai)n /ˈkəˑtn̩/	distant /ˈdɪstənt/	scent / ˈsɛnt/
sustain /səˈsteɪn/	blat(a)nt /ˈbleɪtn̩t/	accent /ˈækˌsɛnt/
obtain /əbˈteɪn/	constant /ˈkaːnstənt/	adjac(e)nt /əˈdʒeɪsn̩t/
stain / ˈsteɪn/	contestant /kənˈtɛstənt/	ascent /əˈsɛnt/
abstain /əbˈsteɪn/	disput(a)nt /dɪˈspjuːtn̩t/	magnificent /mægˈnɪfəsənt/
capt(ai)n / ˈkæptən/	militant /ˈmɪlətənt/	beneficent /bəˈnɛfəsənt/
appertain / æpəˈteɪn/	adjutant /ˈædʒətənt/	descent /dɪˈsɛnt/
pertain /pəˈteɪn/	assistant /əˈsɪstənt/	pubes(ce)nt /pjuˈbɛsn̩t/
retain / rɪˈteɪn/	exultant /ɪgˈzʌltənt/	efficient /ɪˈfɪʃənt/
ascertain /æsəˈteɪn/	account(a)nt /əˈkaʊntn̩t/	resent /rɪˈzɛnt/

Read After Me 1

I've got butterflies in my stomach.	She's in a stew.
Do what you say.	Don't beat around the bush.
Don't bite the hand that feeds you.	Sprinkle the seeds when the wind blows.
Judge the friendship in your hardship.	Let's call it a day.
Stop cracking a joke.	He eats like a bird.
We are in the same boat.	Don't give yourself away.
Seeing is believing.	The man of his word.
He's a jack-of-all-trades.	Get off my back!
She's got a green thumb.	Stop pulling my leg.
You'll eat your words.	It's just hand to mouth.
Don't get on my nerves.	I can't believe my eyes.
It's clear as crystal.	It's a slap in the face.
Put our heads together.	I'm all ears.
Success is hidden in practice.	It's raining cats and dogs.
He's a bad egg.	Union is power.
Sinking man knows the value of breath.	Keep your lips tight.

Read After Me 2

If the shoe fits- wear it.	A little knowledge is dangerous.
She is a wet blanket.	Tongue in cheek.
Keep an eye on.	Don't dig your own grave.
That was a close call.	I'm flat broke.
Two hands are needed to make a clap.	I was left out in the cold.
I am between the devil and the deep blue sea.	I am of two minds.
A dog in the manger policy.	Even hot water can put off the fire.
Experience is the mother of science.	It's my treat.
Deep sea makes no noise.	I have made up my mind.
Have a second thought.	Keep you updated.
He is low in spirit.	Don't judge the book by its cover.
Hit the sack.	See the bright side.
Give and take.	She's got a bee in her bonnet.
There's no smoke without fire.	Show him the ropes.
Sells like hotcakes.	Time is ticking away.
A friend in need is a friend indeed.	A hungry man is an angry man.

Read After Me 3

Time is money.	Procrastination is the thief of time.
Opportunity seldom knocks twice.	Happy wife, happy life.
When in Rome, do as the Romans do.	Pride comes before a fall.
Slow and steady wins the race.	Time is a great healer.
Stolen fruit is the sweetest.	Something is better than nothing.
A man is known by the company he keeps.	The sky is the limit.
He who knows nothing, doubts nothing.	A word to the wise is enough.
All things come to the one who waits.	Behind every successful man is a woman.
Curiosity killed the cat.	Failure teaches success.
History repeats itself.	Beggars can't be choosers.
Dog-eat-dog world.	Life is hope.
Laugh and the world laughs with you.	Too many cooks spoil the broth.
No pain, no gain.	Old habits die hard.
Money is not everything.	The first step is the hardest.
Prevention is better than cure.	Fire is a good servant but a bad master.
Call a spade a spade.	Speech is silver, silence is golden.

Lesson 51

Teacher's Instructions: *Play voice one.* Let them read the words first. While they read, you might notice some mistakes. Correct the mistakes and *play voice two.*

Observe the difference when you read		
ous-əs	**ory-ori,ər i**	**sure-ʒɚ,ʃɚ**
cautious /ˈkɑːʃəs/	**factory** /ˈfæktəri/	**measure** /ˈmɛʒɚ/
superfluous /sʊˈpɚfluwəs/	**victory** /ˈvɪktəri/	**pleasure** /ˈplɛʒɚ/
precious /ˈprɛʃəs/	**history** /ˈhɪstəri/	**leisure** /ˈliːʒɚ/
delicious /dɪˈlɪʃəs/	**observatory** /əbˈzɚvəˌtori/	**assure** /əˈʃuɚ/
conscious /ˈkɑːnʃəs/	**circulatory** /ˈsɚkjələˌtori/	**ensure** /ɪnˈʃuɚ/
enormous /ɪˈnoɚməs/	**dormitory** /ˈdoɚməˌtori/	**insure** /ɪnˈʃɚ/
valorous /ˈvælərəs/	**armory** /ˈaɚməri/	**unsure** /ˌʌnˈʃɚ/
ridiculous /rəˈdɪkjələs/	**memory** /ˈmɛməri/	**sure** /ˈʃɚ/
fabulous /ˈfæbjələs/	**gory** /ˈgori/	**closure** /ˈkloʊʒɚ/
famous /ˈfeɪməs/	**glory** /ˈglori/	**erasure** /ɪˈreɪʃɚ/
facetious /fəˈsiːʃəs/	**territory** /ˈtɛrəˌtori/	**pressure** /ˈprɛʃɚ/
jealous /ˈdʒɛləs/	**ivory** /ˈaɪvəri/	**treasure** /ˈtrɛʒɚ/
miraculous /məˈrækjələs/	**oratory** /ˈorəˌtori/	**fissure** /ˈfɪʃɚ/
ambitious /æmˈbɪʃəs/	**rectory** /ˈrɛktəri/	**reassure** /ˌriːjəˈʃɚ/
zealous /ˈzɛləs/	**conservatory** /kənˈsɚvəˌtori/	**censure** /ˈsɛnʃɚ/
courteous /ˈkɚtijəs/	**amatory** /ˈæməˌtori/	**composure** /kəmˈpoʊʒɚ/
glamorous /ˈglæmərəs/	**story** /ˈstori/	**exposure** /ɪkˈspoʊʒɚ/

Lesson 52

Teacher's Instructions: *Play voice one.* Most of the words that have been added have silent letters. There are even more words with silent letters. Even *e* at the end of the words doesn't sound. *Ya(ch)t* has a silent *ch*. It's impossible to add all the words. When you finish your explanation, *play voice two.*

Silent Letters in English	
ai(s)le /ˈajəl/	**(k)nife** /ˈnaɪf/
i(s)le /ˈajəl/	**(k)nee** /ˈniː/
cas(t)le /ˈkæsəl/	**(k)nock** /ˈnɑːk/
de(b)t /ˈdɛt/	**hi(gh)** /ˈhaɪ/
su(b)tle /ˈsʌtl/	**si(gh)** /ˈsaɪ/
dou(b)t /ˈdaʊt/	**wei(gh)** /ˈweɪ/
(h)our /ˈawɚ/	**ti(gh)t** /ˈtaɪt/
(h)onest /ˈɑːnəst/	**(h)eir** /ˈeɚ/
com(b) /ˈkoʊm/	**(h)erb** /ˈɚb/
num(b) /ˈnʌm/	**autum(n)** /ˈɑːtəm/
paradi(g)m /ˈperəˌdaɪm/	**Illinoi(s)** /ɪləˈnoɪ/
forei(g)n /ˈforən/	**hus(t)le** /ˈhʌsəl/
ali(g)n /əˈlaɪn/	**cou(p)** /ˈkuː/

85

si(g)n /'saɪn/	**diaphra(g)m** /'dajə‚fræm/
phle(g)m /'flɛm/	**(k)not** /'na:t/
li(gh)t /'laɪt/	**solem(n)** /'sa:ləm/
si(gh)t /'saɪt/	**(c)zar** /'zaɚ/
mi(gh)t /'maɪt/	**recei(p)t** /rɪ'si:t/
sli(gh)t /'slaɪt/	**fo(l)k** /'foʊk/
ri(gh)t /'raɪt/	**yo(l)k** /'joʊk/
(w)rong /'ra:ŋ/	**s(w)ord** /'soɚd/
(w)rite /'raɪt/	**import(a)nt** /ɪm'poɚtn̩t/
mus(c)le /'mʌsəl/	**(w)rist** /'rɪst/
lam(b) /'læm/	**Chris(t)mas** /'krɪsməs/
debri(s) /də'bri:/	**balle(t)** /bæ'leɪ/
clim(b) /'klaɪm/	**rappor(t)** /ræ'poɚ/
s(c)ene /'si:n/	**as(th)ma** /'æzmə/
s(c) ience /'sajəns/	**(p)seudo** /'su:doʊ/
we(d)nesday /'wɛnz‚deɪ/	**(k)nead** /'ni:d/
(g)nome /'noʊm/	**(g)nash** /'næʃ/
(g)nu /'nu:/	**(g)narled** /'naɚld/
(g)naw /'na:/	**thum(b)** /'θʌm/

Lesson 53

Teacher's Instructions: *Play voice one.* Ask your students to find out the sound differences of the words given in the lesson. Let them look up a dictionary and find out the sounds and write the pronunciation keys under each word. *Play voice two.*

One Word–Two Sounds	
object (noun) /ˈɑːbdʒɪkt/	object (verb) /əbˈdʒɛkt/
present (noun) /ˈprɛznt̩/	present (verb) /prɪˈzɛnt/
desert(noun) /ˈdɛzɚt/	desert(verb) /dɪˈzɚt/
perfect(noun) /ˈpɚfɪkt/	perfect(verb) /pɚˈfɛkt/
the (before consonant) /ðə/	the (before vowels) /ði/
close(noun, verb) /ˈkloʊz/	close(adjective, adverb) /ˈkloʊs/
read(noun, verb) /ˈriːd/	read(adjective, past tense) /ˈrɛd/
record (noun) /ˈrɛkɚd/	record (verb) /rɪˈkoɚd/
live (verb) /ˈlɪv/	live(adjective, adverb) /ˈlaɪv/
relay(noun) /ˈriːˌleɪ/	relay(verb) /rɪˈleɪ/
research (noun) /ˈriːˌsɚtʃ/	research(verb) /rɪˈsɚtʃ/
reject(noun) /ˈriːˌdʒɛkt/	reject(verb) /rɪˈdʒɛkt/
excise(noun) /ˈɛkˌsaɪz/	excise(verb) /ɪkˈsaɪz/
excuse(noun) /ɪkˈskjuːs/	excuse(verb) /ɪkˈskjuːz/
use (noun) /ˈjuːs/	use (verb) /ˈjuːz/
mouth (noun) /ˈmaʊθ/	mouth(verb) /ˈmaʊð/

Lesson 54

Teacher's Instructions: *Play voice one.* Some students make mistakes when they read past tense verbs. They struggle to judge whether the *ed* at the end of the past tense should be pronounced or not. The *ed* at the end of the past tense verbs gives a */t/* sound as well. Write the below chart on the board and explain. Play voice 2.

The 'ed' in the past tense verbs sounds like /t/ when it comes after k, p,s,f,x,ch,sh, and ck.

walked	stopped	crossed	punched	pushed	blocked	cuffed	faxed

The 'ed' in the past tense verbs sounds like /d/ when it comes after b,g,l,m,n,r,v,w,y, and z.

grabbed	begged	leveled	summed	banned	jarred	revved	showed	buzzed	played

The 'ed' in the past tense verbs sounds like /ed/ when it comes after t and d.

pretended	deleted	accepted	supported	suspended

Past Tense Verbs

stopped (t) /ˈstaːpt/	**needed (ed)** /ˈniːdɛd/
decided (ed) /dɪˈsaɪdɛd/	**repeated (ed)** /rɪˈpiːtɛd/
finished (t) /ˈfɪnɪʃt/	**tried (d)** /ˈtraɪd/
thanked (t) /ˈθæŋkt/	**visited (ed)** /ˈvɪzətɛd/
seemed (d) /ˈsiːmd/	**soaked (t)** /ˈsoʊkt/
robbed (d) /ˈraːbd/	**called (d)** /ˈkaːl d/
added (ed) /ˈædɛd/	**helped (t)** /ˈhɛlpt/
dreamt (t) /ˈdrɛmt/	**fixed (t)** /ˈfɪkst/
watched (t) /ˈwaːtʃt/	**knelt (t)** /ˈnɛlt/
walked (t) /ˈwaːk/	**showed (d)** /ˈʃoʊd/
killed (d) /ˈkɪld/	**answered (d)** /ˈænsɚd/
continued (d) /kənˈtɪnjud/	**coped (t)** /ˈkoʊpt/
pushed (t) /ˈpʊʃt/	**started (ed)** /ˈstaɚtɛd/
slipped (t) /ˈslɪpt/	**browsed (d)** /ˈbraʊzd/
turned (d) /ˈtɚnd/	**jumped (t)** /ˈdʒʌmpt/
talked (t) /ˈtaːkt/	**initiated (ed)** /ɪˈnɪʃiˌeɪtɛd/

Teacher's Instructions: *Play voice one.* Teach them the singular-plural rules before you start teaching this lesson. Write the table below on the board, and help them understand the rules. The nouns that end with *O, X, SH, CH, SS,* and *S* take *es* when it changes into plural.

Example 1

potat**o** - potat**o**es	chur**ch** - chur**ch**es
bo**x** - bo**x**es	gla**ss** - gla**ss**es
bu**sh** - bu**sh**es	bu**s** - bu**s**es

The nouns that end with a '*y*' change into two different ways. If there is a vowel before the last *y*, only an *s* will join the noun. If there is a consonant, then *ies* will be replaced at the end where '*y*' is present.

Example 2

b**oy** - b**oy**s	la**dy** - la**dies**
d**ay** - d**ay**s	can**dy** - can**dies**
g**uy** - g**uy**s	fl**y** - fl**ies**

The nouns that have *f* or *fe* at the end will take *ves* in the place where *f* and *fe* are present.

Example 3

kni**fe** - kni**ves**	wi**fe** - wi**ves**
li**fe** - li**ves**	wol**f** - wol**ves**
loa**f** - loa**ves**	hoo**f** - hoo**ves**

Exception- roofs, giraffes

The S at the end of the plural nouns gives /z/ sound, except after p, t, f, *th and* k.

cuffs	shops	shots	cups	sharks	paths
/kʌfs/	/ʃɑːps/	/ʃɑːts/	/kʌps/	/ʃaɚks/	/pæθs/

Plural Nouns

cats /ˈkæts/	**bags** /ˈbægz/	**branches** /ˈbræntʃəz/
shops /ʃɑːps/	**buds** /ˈbʌdz/	**bushes** /ˈbʊʃəz/
cuffs /ˈkʌfs/	**bulbs** /ˈbʌlbz/	**buses** /ˈbʌsəz/
shots /ˈʃɑːts/	**bells** /ˈbɛlz/	**races** /ˈreɪsəz/
cups /ˈkʌps/	**dams** /ˈdæmz/	**oranges** /ˈɑrɪndʒəz/
sharks /ˈʃaɚks/	**guns** /ˈgʌnz/	**churches** /ˈtʃɚtʃəz/
paths /ˈpæθs/	**lungs** /ˈlʌŋz/	**potatoes** /pəˈteɪtoʊz/
mats /ˈmæts/	**stars** /ˈstaɚz/	**glasses** /ˈglæsəz/
desks /ˈdɛsks/	**games** /ˈgeɪmz/	**boxes** /ˈbɑːksəz/
sheets /ˈʃiːts/	**tomatoes** /təˈmeɪtoʊz/	**babies** /ˈbeɪbiː z/
tapes /ˈteɪps/	**birds** /ˈbɚdz/	**ladies** /ˈleɪdiː z/
clocks /ˈklɑːks/	**guys** /ˈgaɪz/	**wives** /ˈwaɪv z/
beats /ˈbiːts/	**boys** /ˈbɔɪz/	**wolves** /ˈwʊlv z/
piths /ˈpɪθs/	**animals** /ˈænəməlz/	**flies** /ˈflaɪ z/
pots /ˈpɑːts/	**lions** /ˈlajənz/	**roses** /ˈroʊzəz/
lots /ˈlɑːts/	**printers** /ˈprɪntɚz/	**noses** /ˈnoʊzəz/

Lesson 56

Teacher's Instructions: *Play voice one.* Write down the table below on the board before you start teaching this lesson.

Verbs (be)—am, is, are (Present Simple)

I -am	man -is	tree - is
She -is	men -are	trees - are
They -are	ladies -are	picture - is

Plural verbs (base)—have, do, cry, help, catch etc. (Present Simple)

They -have	Dogs -bark	My friends- help
People -do	Students -study	My parents -talk
We -catch	Teachers - teach	Horses -run

Exception: I

Singular verbs (base)—has, does, goes, helps, catches, etc. (Present Simple)

He -goes	The boy -catches	Tom- plays
She -does	The baby - cries	The dog -walks
father -helps	My mother- cooks	The bird- flies

The s *at the end of a singular verbs gives /z/ sound, except after* p, t, f, *and* k.

takes	hops	puffs	cuts
/teɪks/	/hɑːps/	/pʌfs/	/kʌts/

Singular Verbs

takes /ˈteɪks/	**swims** /ˈswɪmz/	**kisses** /ˈkɪsəz/
hops /ˈhaːps/	**runs** /ˈrʌnz/	**does** /ˈdʌz/
jumps /ˈʤʌmps/	**hugs** /ˈhʌgz/	**goes** /ˈgoʊz/
thinks /ˈθɪŋks/	**climbs** /ˈklaɪmz/	**pushes** /ˈpʊʃəz/
sleeps /ˈsliːps/	**rubs** /ˈrʌbz/	**catches** /ˈkætʃəz/
peeps /ˈpiːps/	**comes** /ˈkʌmz/	**presses** /ˈprɛsəz/
puffs /ˈpʌfs/	**stirs** /ˈstɚz/	**punches** /ˈpʌntʃəz/
makes /ˈmeɪks/	**plays** /ˈpleɪz/	**cries** /ˈkraɪ z/
wakes /ˈweɪks/	**buys** /ˈbaɪ z/	**dries** /ˈdraɪ z/
helps /ˈhɛlps/	**enjoys** /ɪnˈʤɔɪ z/	**flies** /ˈflaɪ z/
gets /ˈgɛts/	**smiles** /ˈsmajəl z/	**watches** /ˈwaːtʃəz/
cuts /ˈkʌts/	**drives** /ˈdraɪv z/	**studies** /ˈstʌdiː z/
offs /ˈaːfs/	**reads** /ˈriːd z/	**fries** /ˈfraɪz/
baths /ˈbæθs/	**ties** /ˈtaɪ z/	**praises** /ˈpreɪzəz/
puts /ˈpʊts/	**kills** /ˈkɪl z/	**rises** /ˈraɪz/
laughs /ˈlæfs/	**throws** /ˈθroʊ z/	**hatches** /ˈhætʃəz/

Additional Lessons

Lesson 57

Teacher's Instructions: Since some of the following lessons are pretty difficult, you can omit teaching these lessons if your students are kids. You can see the words are sorted out by *vowel-vowel combination* (double vowels). The vowel *A* with *a, e, i, o,* and *u*. Likewise, the vowel *E* with *a, e, i, o,* and *u*. In the same way, vowel *I, O, U* joins with other vowels. Explain to them the order, and give them some time to practice.

> Double vowels at the beginning, in the middle, and at the end of the words. The words that don't begin or end with double vowels are left blank.

aardvark	Naan	baa	eagle	peach	tea
/ˈaɚˌdˌvaɚk/	/ˈnɑːn/	/ˈbɑː/	/ˈiːgəl/	/ˈpiːtʃ/	/ˈtiː/
aerobic	maestro	larvae	eerie	teeth	wee
/eɚˈoʊbɪk/	/ˈmaɪstroʊ/	/ˈlaɚˌviː/	/ˈiːri/	/ˈtuːθ/	/ˈwiː/
aid	tail	Thai	eight	veil	nuclei
/ˈeɪd/	/ˈteɪl/	/ˈtaɪ/	/ˈeɪt/	/ˈveɪl/	/ˈnuːkliˌaɪ/
aorta	Laos	Tao	eon	leopard	Leo
/eɪˈoɚtə/	/ˈlaʊs/	/ˈdaʊ/	/ˈiːˌɑːn/	/ˈlɛpɚd/	/ˈliːˌoʊ/
auction	caution	plateau	eulogy	amateur	lieu
/ˈɑːkʃən/	/ˈkɑːʃən/	/plæˈtoʊ/	/ˈjuːlədʒi/	/ˈæməˌtɚ/	/ˈluː/
iamb	bias	dementia	oasis	toad	boa
/ˈaɪˌæm/	/ˈbajəs/	/dɪˈmɛnʃə/	/oʊˈeɪsəs/	/ˈtoʊd/	/ˈbowə/
ie ------	field	die	oedipal	poem	toe
	/ˈfiːld/	/ˈdaɪ/	/ˈɛdəpəl/	/ˈpowəm/	/ˈtoʊ/
ii -------	skiing	radii	oil	spoil	--oi
	/ˈskiːŋ/	/ˈreɪdiˌaɪ/	/ˈojəl/	/ˈspojəl/	
iodine	dioxide	radio	ooze	stool	poo
/ˈajəˌdaɪn/	/daɪˈɑːkˌsaɪd/	/ˈreɪdiˌoʊ/	/ˈuːz/	/ˈstuːl/	/ˈpuː/
iu ------	diurnal	-----iu	out	mouth	sou
	/daɪˈɚnl/		/ˈaʊt/	/ˈmaʊθ/	/ˈsuː/

u̲a-------	d̲u̲a̲l /ˈduːwəl/	qu̲a /ˈkwɑː/
u̲e ------	qu̲e̲asy /ˈkwiːzi/	cu̲e /ˈkjuː/
u̲i -------	fl̲u̲id /ˈfluːwəd/	----u̲i
u̲o ------	b̲u̲oy /ˈbɔɪ/	d̲u̲o /ˈduːwoʊ/
u̲u-------	vac̲u̲u̲m /ˈvæˌkjuːm/	mu̲u̲mu̲u̲ /ˈmuːˌmuː/

Lesson 58

Teacher's Instructions: Ask each student to read and check their ability. This would help you find who are still unable to read.

Vowel-consonant combination at the beginning and at the end of the words

stab /'stæb/	absent /'æbsənt/	web /'wɛb/	ebony /'ɛbəni/	rib /'rɪb/	ibis /'aɪbəs/
cardiac /'kaɚdiˌæk/	accident /'æksədənt/	sec /'sɛk/	echo /'ɛkoʊ/	panic /'pænɪk/	ice /'aɪs/
bad /'bæd/	adjust /ə'dʒʌst/	bed /'bɛd/	edge /'ɛdʒ/	acid /'æsəd/	idea /aɪ'di:jə/
-----af	afraid /ə'freɪd/	clef /'klɛf/	efface /ɪ'feɪs/	coif /'kwa:f/	iffy /'ɪfi/
bag /'bæg/	again /ə'gɛn/	leg /'lɛg/	ego /'i:goʊ/	brig /'brɪg/	ignite /ɪg'naɪt/
-----ah	ahead /ə'hɛd/	-----eh	eh-----	----ih	ih-----
----aj	ajar /ə'dʒaɚ/	-----ej	eject /ɪ'dʒɛkt/	--- ij	ij-----
----ak	akimbo /ə'kɪmboʊ/	leek /'li:k/	eke /'i:k/	oik /'oɪk/	ikon /'aɪˌka:n/
coal /'koʊl/	alas /ə'læs/	feel /'fi:l/	elapse /ɪ'læps/	spoil /'spojəl/	ilk /'ɪlk/
clam /'klæm/	amalgam /ə'mælgəm/	emblem /'ɛmbləm/	embalm /ɪm'ba:m/	him /'hɪm/	image /'ɪmɪdʒ/
plan /'plæn/	anaconda /ænə'ka:ndə/	then /'ðɛn/	ensure /ɪn'ʃuɚ/	ruin /'ru:wən/	indigo /'ɪndɪˌgoʊ/
clap /'klæp/	apace /ə'peɪs/	prep /'prɛp/	epidemic /ɛpə'dɛmɪk/	ship /'ʃɪp/	ipso facto /'ɪpsoʊ'fæktoʊ/
----aq	aquatic /ə'kwa:tɪk/	---eq	equal /'i:kwəl/	---iq	iq-----
star /'staɚ/	arable /'erəbəl/	her /'hɚ/	erase /ɪ'reɪs/	stir /'stɚ/	irate /aɪ'reɪt/

bias /'bajəs/	ascend /ə'sɛnd/	does /'dʌz/	escape /ɪ'skeɪp/	this /'ðɪs/	island /'aɪlənd/
fiat /'faɪˌæt/	atlas /'ætləs/	diet /'dajət/	etch /'ɛtʃ/	split /'splɪt/	italic /ɪ'tælɪk/
----av	avenge /ə'vɛndʒ/	rev /'rɛv/	every /'ɛvri/	------iv	ivory /'aɪvəri/
flaw /'fla:/	awesome /'a:səm/	few /'fju:/	ewe /'ju:/	----- iw	iw-----
flax /'flæks/	axiom /'æksijəm/	flex /'flɛks/	excise /'ɛkˌsaɪz/	fix /'fɪks/	ix------
gray /'greɪ/	aye /'aɪ/	prey /'preɪ/	eye /'aɪ/	----iy	iy-------
topaz /'toʊˌpæz/	azure /'æʒɚ/	geez /'dʒi:z/	ez---	whiz /'wɪz/	iz-------

throb /'θra:b/	object /əb'dʒɛkt/	club /'klʌb/	ubiquitous /ju'bɪkwətəs/
havoc /'hævək/	occult /ə'kʌlt/	----uc	uc---
plod /'pla:d/	odor /'oʊdɚ/	thud /'θʌd/	udder /'ʌdɚ/
poof /'pu:f/	office /'a:fəs/	----uf	uf---
slog /'sla:g/	ogle /'oʊgəl/	plug /'plʌg/	ugly /'ʌgli/
---oh	ohm /'oʊm/	huh /'hʌ/	uh---
____ oj	oj ---	----uj	uj---
book /'bʊk/	okra /'oʊkrə/	---uk	ukulele /ˌju:kə'leɪli/
symbol /'sɪmbəl/	old /'oʊld/	haul /'ha:l/	ultimate /'ʌltəmət/
atom /'ætəm/	omission /oʊ'mɪʃən/	plum /'plʌm/	umpire /'ʌmˌpajɚ/
colon /'koʊlən/	onion /'ʌnjən/	shun /'ʃʌn/	unit /'ju:nət/

stop /ˈstɑːp/	**open** /ˈoʊpən/	**cup** /ˈkʌp/	**upbraid** /ʌpˈbreɪd/
---oq	oq---	----uq	uq----
doctor /ˈdɑːktɚ/	**oracle** /ˈorəkəl/	**spur** /ˈspɚ/	**urban** /ˈɚbən/
chaos /ˈkeɪˌɑːs/	**ossify** /ˈɑːsəˌfaɪ/	**plus** /ˈplʌs/	**usable** /ˈjuːzəbəl/
spot /ˈspɑːt/	**other** /ˈʌðɚ/	**shut** /ˈʃʌt/	**utility** /juˈtɪləti/
----ov	**oval** /ˈoʊvəl/	----uv	**uvula** /ˈjuːvjələ/
slow /ˈsloʊ/	**owe** /ˈoʊ/	----uw	uw---
Xerox /ˈziɚˌɑːks/	**oxygen** /ˈɑːksɪdʒən/	**flux** /ˈflʌks/	ux---
coy /ˈkoɪ/	**oyster** /ˈoɪstɚ/	**buy** /ˈbaɪ/	uy----
---oz	**ozone** /ˈoʊˌzoʊn/	---uz	uz----

Lesson 59

Teacher's Instructions: Ask your students to browse the words where there are no words with *consonant with consonant*. When they finish, give them some time to practice.

Consonant-consonant combination at the end and at the beginning of the words			

---------bl	**black** /ˈblæk/	-------- kn	**knock** /ˈnɑːk/
---------br	**brain** /ˈbreɪn/	**picky** /ˈpɪki/	ky--------
lullaby /ˈlʌləˌbaɪ/	**bypass** /ˈbaɪˌpæs/	kw	kw-------
catch /ˈkætʃ/	**chair** /ˈtʃeɚ/	**child** /ˈtʃajəld/	ld--------
stick /ˈstɪk/	ck-------	**lull** /ˈlʌl/	**llama** /ˈlaːmə/
---------cl	**clock** /ˈklɑːk/	**embalm** /ɪmˈbaːm/	lm-------
---------cr	**crane** /ˈkreɪn/	**kiln** /ˈkɪln/	ln--------
spicy /ˈspaɪsi/	**cycle** /ˈsaɪkəl/	**yolk** /ˈjoʊk/	lk--------
----------dr	**drain** /ˈdreɪn/	**tilt** /ˈtɪlt/	lt--------
---------dw	**dwarf** /ˈdwoɚf/	**fly** /ˈflaɪ/	**lyric** /ˈlirɪk/
cloudy /ˈklaʊdi/	**dynasty** /ˈdaɪnəsti/	**condemn** /kənˈdɛm/	**mnemonic** /nɪˈmaːnɪk/
----------fr	**friend** /ˈfrɛnd/	**lump** /ˈlʌmp/	mp-------
----------fl	**flower** /ˈflawɚ/	**tummy** /ˈtʌmi/	**myth** /ˈmɪθ/
cliff /ˈklɪf/	ff--------	**thumb** /ˈθʌm/	mb-------

99

waft /ˈwɑ:ft/	ft--------	**dreamt** /ˈdrɛmt/	mt--------
puffy /ˈpʌfi/	fy--------	**hand** /ˈhænd/	nd--------
laugh /ˈlæf/	**ghost** /ˈgoʊst/	**ring** /ˈrɪŋ/	ng--------
--------gl	**glory** /ˈglori/	**pink** /ˈpɪŋk/	nk--------
--------gr	**green** /ˈgri:n/	**print** /ˈprɪnt/	nt--------
clergy /ˈklɚˌdʒi/	**gym** /ˈdʒɪm/	**funny** /ˈfʌni/	**nymph** /ˈnɪmf/
foreign /ˈforən/	**gnaw** /ˈnɑ:/	**jinx** /ˈdʒɪŋks/	nx--------
night /ˈnaɪt/	ht-------	**graph** /ˈgræf/	**phone** /ˈfoʊn/
shy /ˈʃaɪ/	**hymn** /ˈhɪm/	--------- pl	**plain** /ˈpleɪn/

--------pr	**pray** /ˈpreɪ/	**busy** /ˈbɪzi/	**system** /ˈsɪstəm/
happy /ˈhæpi/	**pyramid** /ˈpirəˌmɪd/	-------sq	**squad** /ˈskwɑ:d/
rapt /ˈræpt/	**pterodactyl** /terəˈdæktl/	**toss** /ˈtɑ:s/	ss--------
card /ˈkɑɚd/	rd-------	**path** /ˈpæθ/	**than** /ˈðæn/
lurk /ˈlɚk/	rk-------	**fatty** /ˈfæti/	**type** /ˈtaɪp/
catarrh /kəˈtɑɚ/	**rhetoric** /ˈrɛtərɪk/	------tw	**twin** /ˈtwɪn/
pearl /ˈpɚl/	rl--------	**klutz** /ˈklʌts/	**tzar** /ˈzɑɚ/
form /ˈfoɚm/	rm------	**ivy** /ˈaɪvi/	**vying** /ˈvajɪŋ/
corn /ˈkoɚn/	rn-------	------wh	**white** /ˈwaɪt/

harp /ˈhaɚp/	rp-------	**brown** /ˈbraʊn/	wn------
purr /ˈpɚ/	rr-------	**news** /ˈnuːz/	ws-------
cart /ˈkaɚt/	rt--------	**snowy** /ˈsnowi/	wy------
form /ˈfoɚm/	rm------	**growl** /ˈgrawəl/	wl-------
fry /ˈfraɪ/	**rye** /ˈraɪ/	**shrewd** /ˈʃruːd/	wd------
push /ˈpʊʃ/	**shut** /ˈʃʌt/	**proxy** /ˈpraːksi/	**xylophone** /ˈzaɪləˌfoʊn/
husk /ˈhʌsk/	**skull** /ˈskʌl/	-------xr	**x-ray** /ˈɛksˌreɪ/
------sl	**sleep** /ˈsliːp/	**fuzz** /ˈfʌz/	zz-------
prism /ˈprɪzəm/	**small** /ˈsmaːl/	**fuzzy** /ˈfʌzi/	**zygote** /ˈzaɪˌgoʊt/
------sn	**snail** /ˈsneɪl/		
grasp /ˈgræsp/	**spoil** /ˈspojəl/		
best /ˈbɛst/	**stain** /ˈsteɪn/		
-------sw	**sweet** /ˈswiːt/		
disc /ˈdɪsk/	**school** /ˈskuːl/		

Lesson 60

Teacher's Instructions: Notice whether they pronounce the sounds properly.

Consonant-vowel combination at the beginning of the words

ba	g
be	t
bi	g
bo	x
bu	t

ha	t
he	n
hi	p
ho	t
hu	b

na	g
ne	t
ni	ck
no	d
nu	t

ta	g
te	n
ti	n
to	p
tu	g

za	ny
ze	bra
zi	p
zo	diac
zu	cchini

ca	t
ce	nt
ci	nema
co	st
cu	t

ja	m
je	t
ji	g
jo	b
ju	g

pa	n
pe	t
pi	n
po	t
pu	b

va	n
ve	t
vi	al
vo	cal
vu	lgar

da	m
de	n
di	g
do	g
du	st

ka	le
ke	g
ki	t
ko	ran
ku	ngfu

Qa	tar
qe	___
qi	___
qo	___
qu	ad

wa	d
we	b
wi	n
wo	man
wu	___

fa	t
fe	d
fi	t
fo	x
fu	n

la	b
le	g
Li	bra
lo	ck
lu	g

ra	t
re	d
ri	b
ro	d
ru	b

xa	___
xe	rox
xi	___
xo	___
xu	___

ga	p
ge	m
gi	n
go	t
gu	n

ma	p
me	t
mi	lk
mo	b
mu	d

sa	d
se	t
si	n
so	b
su	n

ya	k
ye	p
yi	p
yo	b
yu	ck

International Phonetics Alphabet (IPA)

Phoneme	IPA	Phonetics symbols used in different dictionaries				
cat, mat dad	æ	a	ă	ae		
pay, day slay	eɪ	ā	ay	ey		
get, let head	ɛ	ĕ	e	eh	ɛ	
my, tie shy	aɪ	ay	ī	y		
pot, hot water	ɒ	ɑ	ä	ŏ	aa	o
hear, near gear	ɪər	ɪr	îr	ēr	eer	ihr
see, tea, sea	i:	i	ē	ee	iy	
mart, arm star	ɑr	ɑ:	är	aar	ahr	
toe, toad blow	oʊ	o	ō	oh	ow	
joy, voice noise	ɔɪ	oi	oy	ɒi	ɔy	
book, look put	ʊ	oo	u	uh	ŭ	*oo*
now, cow out	aʊ	ou	ow	au		
but, nut enough	ʌ	ə	ŭ	uh	ah	u

t<u>u</u>rn, b<u>ir</u>d, w<u>or</u>d, t<u>er</u>m	ɜr	ûr	ər	ur	er	ɚ
c<u>u</u>te, m<u>u</u>te p<u>u</u>pil	ju:	yoo:	yu	ju	yū	yü
m<u>oo</u>n, t<u>oo</u>l c<u>oo</u>l	u:	oo:	ū	oo	u	uw
p<u>aw</u>, l<u>aw</u>, h<u>au</u>nt	ɔ:	aw	ô	ö	ao	ɔ
<u>ch</u>in, pit<u>ch</u> <u>ch</u>air	tʃ	ch	č			
<u>sh</u>ip, pu<u>sh</u>, shop	ʃ	sh	š			
<u>y</u>ell, <u>y</u>es yet	j	y				
<u>th</u>in, <u>th</u>ick wi<u>th</u>	θ	th				
<u>th</u>at, <u>th</u>is, ba<u>th</u>e	ð	th	<u>th</u>	dh	*th*	th:
si<u>ng</u>, wi<u>ng</u> goi<u>ng</u>	ŋ	ng	NG			
<u>a</u>bout, <u>a</u>maze <u>a</u>ccord	ə	e	uh	ah	*uh*	
c<u>a</u>re, th<u>ere</u> h<u>air</u>	ɛər	air	ār	âr	ɛr	ar
f<u>ew</u>, c<u>ue</u> c<u>u</u>te	ju:	yü	yoo:	yu	ju	yoo

Pronunciation Keys and Symbols

$$\boxed{\textbf{A}}$$

The vowels *A, E, I, O, U* have their different sounds when they are used at the beginning, in the middle, and at the end of the words. Observe the differences and pronounce it correctly.

Teacher's Instructions: Pronunciation keys and symbols differ dictionary to dictionary, but some similar keys are also there. When you teach this lesson, explain to them the way how the pronunciation keys have been used. The purpose of teaching this lesson is to explain more about reading and give more examples to improve students' reading skill. Instructions are almost the same for the lessons below.

Example 1: The letter *A* at the beginning and in the middle of the words gives the /æ/ sound.

$$\boxed{\text{A - æ}}$$

APPLE	ANT	PANT	BAND
/æpəl/	/ænt/	/pænt/	/bænd/

Example 2: In the words below, you can see the letter *E* at the end of the words. When there is an *E* at the end of the word, the *A* gives its name sound **/eɪ/**.

$$\boxed{\text{A - eɪ}}$$

GATE	MALE	DATE	MAKE
/geɪt/	/meɪl/	/deɪt/	/meɪk/

Example 3: The letter *A* almost gives the /ə/ sound when it is used at the end of the words. In the words below, you can see the words that end with *A*.

A-ə

AGENDA	CICADA	ASIA	VIA
/ə'dʒɛndəl	/sə'keɪdəl	/eɪʒəl	/vajəl

A-ə

Example 4: Sometimes, some words that start with *A* gives the /ə/ sound.

AKIMBO	AROUND	ALARM	ASCEND
/ə'kɪmboʊ/	/ə'raʊnd/	/ə'laɚm/	/ə'sɛnd/

E

E almost doesn't sound at the end of the words but has got some different sounds at the beginning and in the middle of the words.

Example 1: In the given words below, the letter *E* gives the /ɛ/ sound at the beginning and in the middle of the words.

E- ɛ

PEN	TEN	ELEPHANT	EPIC
/pɛn/	/tɛn/	/ɛləfənt/	/ɛpɪk/

Example 2: Now, you can also see the words given below that start with the letter *E*, but in these words, *E* gives the /ɪ/ sound.

E - ɪ

ENABLE	ENVIRONMENT	ENSURE	ENAMEL
/ɪ'neɪbəl/	/ɪn'vaɪrənmənt/	/ɪn'ʃuɚ/	/ɪ'næməl/

Example 3: The given words below end with letter *E*. The letter *E* doesn't sound at the end of the words. When the word ends with *E*, the other *E* before it gives the /i:/ sound.

E - **i:**

GENE	DELETE	METE	STAMPEDE
/dʒi:n/	/dɪ'li:t/	/mi:t/	/stæm'pi:d/

exception

she	we	be	he
/'ʃi:/	/'wi:/	/'bi:/	/'hi:/

I

Letter *I* has three sounds in the words.

Example 1: In the given words below, the letter *I* give the /ɪ/ sound.

I-**ɪ**

PIN	SIN	SPIN	STRICT
/pɪn/	/sɪn/	/spɪn/	/strɪkt/

Example 2: You can see the letter *E* at the end of the words below. When there is an *E* at the end, the letter *I* before the consonant is going to give its name sound **/aɪ/**.

I - **aɪ**

MINE	FINE	LIFE	NINE
/maɪn/	/faɪn/	/laɪf/	/naɪn/

Example 3: Sometimes, the letter *I* in the words gives a different sound like /ə/.

I-ə

DIRECTOR	UNIVERSITY	FINANCIAL	FIDELITY
/dəˈrɛktɚ/	/juːnəˈvɚsəti/	/fəˈnænʃəl/	/fəˈdɛləti/

O

Letter *O* has four different sounds in the words.
Example 1: Letter *O* sounds /o/ in the words below.

O- **o**

BOY	TOY	SOIL	VOICE
/boɪ/	/toɪ/	/sojəl/	/voɪs/

Example 2: The letter *O* gives the /ɑ:/ sound in the words below.

O- *a*

POT	STOP	BOTTLE	HOT
/pɑ:t/	/stɑ:p/	/bɑ:tl̟/	/hɑ:t/

Example 3: In the words below in the first row, *O* gives the /oʊ/ sound as the words end up with *E*, and *O* gives the same sound as well as in some other words.

O-oʊ

NOSE	TONE	ZONE	DOME
/noʊz/	/toʊn/	/zoʊn/	/doʊn/
BOLD	**COLD**	**BOLT**	**FOLD**
/boʊld/	/koʊld/	/boʊlt/	/foʊld/
GO	**INDIGO**	**ESKIMO**	**AKIMBO**
/goʊ/	/ɪndɪˌgoʊ/	/ɛskəˌmoʊ/	/əˈkɪmboʊ/

Example 4: The letter *O* sounds like /u**:/** in the words below.

O-u:

TO	DO	LOSE	TOMB
/tuː/	/duː/	/luːz/	/tuːm/

Example 5: In the words given below, the letter *O* gives the /ʌ/ sound.

O- ʌ

LOVE	COME	COMPANY	SOME
/lʌv/	/kʌm/	/kʌmpəni/	/sʌm/

Example 6: The letter *O* has another sound as well. That's /ə/.

O- ə

COMPUTER	CONTROL	CORRECT	COLLECT
/kəmˈpjuːtɚ/	/kənˈtroʊl/	/kəˈrɛkt/	/kəˈlɛkt/

U

Letter *u* has three different sounds in the words.

Example 1: In the words given below, *U* gives the /ʌ/ sound.

U- ʌ

UNCLE	UNDER	UP	UMBRELLA
/ʌŋkəl/	/ʌndɚ/	/ʌp/	/ʌmˈbrɛlə/

Example 2: The letter *U* gives its name sound at the beginning and in the middle of some words. The two sounds are **/jʊˈ/** and/ ju**:/.**

U-jʊˈ, ju:

UNIT	UTENSIL	UNIVERSITY	UNION
/juːnət/	/jʊˈtɛnsəl/	/juːnəˈvɚsəti/	/juːnjən/
CUTE	**TUBE**	**FUME**	**CONTRIBUTE**
/kjuːt/	/tuːb/	/fjuːm/	/kənˈtrɪbjuːt/

Example 3: There are always long and short sounds in the vowels. In the words below, *U* gives long and short sounds, like /uː/ and /ʊ/.

U -uː, ʊ

PUT	FLU	GURU	ZUCCHINI
/pʊt/	/fluː/	/guru/	/zʊˈkiːni/

Y

Letter *y* can be considered both vowel and consonant. Some examples are given below where *y* is used as a vowel with two different sounds.

Example 1: The letter *Y* is considered as a vowel when there is a consonant right before it. In the words below, you can see *Y* takes a consonant before it and becomes a vowel. Here it gives the /ɪ/ sound.

Y- ɪ

GYM	CYLINDER	PYRAMID	GYPSY
/dʒɪm/	/sɪləndɚ/	/pɪrəˌmɪd/	/dʒɪpsi/

Example 2: In the given words below, *Y* gives the /aɪ/ sound.

Y- aɪ

CYCLE	CYAN	HYBRID	TYPE
/saɪkəl/	/saɪˌæn/	/haɪbrəd/	/taɪp/

Example 3: "Y" will be considered as a consonant when it takes the vowels right after it.

yam	yell	yield	yolk
/ˈjæm/	/ˈjɛl/	/ˈjiːld/	/ˈjoʊk/

OO

In English, two letters make one sound, and the sounds differ word to word. Example: *oo*, *ee*, *ea*, *al*, and so on.

Example 1: When double *OO* come together in words, they give some different sounds. In the words given below, they give the /uː/ sound.

OO- uː

TOOL	COOL	MOON	FOOL
/tuːl/	/kuːl/	/muːn/	/fuːl/

Example 2: Sometimes they give the /ʊ/ sound.

OO-ʊ			

BOOK	LOOK	TOOK	COOK
/bʊk/	/lʊk/	/tʊk/	/kʊk/

Example 3: In the words below, *OO* gives the /ʌ/ sound.

OO- ʌ			

BLOOD	FLOOD	----------	----------
/blʌd/	/flʌd/	------------	------------

Example 4: In the words below, they give two sounds. They are *o* and *u*.

OO-o,u			

DOOR	FLOOR	POOR	MOOR
/doɚ/	/floɚ/	/puɚ/	/muɚ/

Example 5: Sometimes they give another sound. First, *O* gives its name sound /oʊ/, and the second *O* joins with the following letter to make the other sound.

OO- oʊˌɑ:,oʊˈɚ		

COOPERATION	COORDINATION	COOPERATIVE
/koʊˌɑ:pəˈreɪʃən/	/koʊˈɚdəˈneɪʃən/	/koʊˈɑ:prətɪv/

EE

EE letters make two different sounds in its position in the words.

Example 1: In the given words below, *EE* gives the long sound /i:/.

EE-**i**:

FEEL	TEEN	EEL	FLEE
/fi:l/	/ti:n/	/i:l/	/fli:/

Example 2: In the words below, you can see the first *E* gives its name sound /i/, and the second *E* joins with the following *R* and gives the sound /ɚ/.

EE- **i**

DEER	PEER	BEER	VEER
/diɚ/	/piɚ/	/biɚ/	/viɚ/

EA

EA has couple of different sounds in its position of the words.

Example 1: In the words below, *EA* gives /i**:/** sound.

EA- **i**:

SPEAK	BEAK	LEAK	SEAT
/spi:k/	/bi:k/	/li:k/	/si:t/

Example 2: *E* gives the /ɛ/ sound in the words below, and the letter *A* remains silent.

(SILENT "A")   EA- **ɛ**

HEAD	SPREAD	THREAT	AHEAD
/hɛd/	/sprɛd/	/θrɛt/	/əˈhɛd/

Example 3: In some other words, the letter *E* is silent, and the *A* gives its name sound /eɪ/. Again in some other words, both letters give their own sounds (e.g., /iˈeɪ/).

EA- **eɪ, i'eɪ**

GREAT	CREATE	BREAK	STEAK
/greɪt/	/kri'eɪt/	/breɪk/	/steɪk/

Example 4: Sometimes, *E* gives the */i/* sound, and the letter *A* joins with the following *R* gives the /ɚ/ sound.

EA- **i**

REAR	DEAR	HEAR	NEAR
/riɚ/	/diɚ/	/hiɚ/	/niɚ/

Example 5: In some words, *E* gives the */e/* sound, and the letter *A* joins the following *R* gives the /ɚ/ sound.

EA- **e**

PEAR	BEAR	TEAR	WEAR
/peɚ/	/beɚ/	/teɚ/	/weɚ/

Example 6: Sometimes in some words, *A* remains silent. The letter *E* joins with *R* and gives the /ɚ/ sound.

EA- **ɚ**　(SILENT "A")

LEARN	HEARD	PEARL	EARN
/lɚn/	/hɚd/	/pɚl/	/ɚn/

AL

AL has four different sounds.

Example 1: *AL* gives the /*a*:/ sound.

AL- **ɑ:**

ALL	SMALL	HALL	STALK
/ɑ:l/	/smɑ:l/	/hɑ:l/	/stɑ:k/

Example 2: The letters *AL* give the sound /**ɑ:**/ when they sound together. Sometimes both letters sound separately. In such occasions, letter *A* sounds like /**ɑ:**/ and the letter *L* gives its own sound /*l*/.

AL-**ɑ:l**

ALTER	ALTOGETHER	STALWART	ALMOST
/ɑ:ltɚ/	/ɑ:ltəˈgɛðɚ/	/stɑ:lwɚt/	/ɑ:lˌmoʊst/

Example 3: In some other words, *A* gives /ə/ and /æ/ sounds, and the letter *L* gives it own sound /*l*/.

AL- **əˈl, æl**

ALUM	BALLISTIC	CALLOW	MALLET
/əˈlʌm/	/bəˈlɪstɪk/	/kæloʊ/	/mælət/

Example 4: In some words, *L* remains silent.

AL-   silent "L"

HALF	CALF	SALMON	CALVE
/hæf/	/kæf/	/sæmən/	/kæv/

OU

OU has some different sounds.

Example 1: In the words below, *OU* gives the sound /aʊ/.

OU-**aʊ**

OUT	MOUTH	SOUTH	HOUSE
/aʊt/	/maʊθ/	/saʊθ/	/haʊs/

Example 2: Sometimes *OU* gives the /ʊ/ sound, and the following letter *L* remains silent.

OU- **ʊ**

COULD	WOULD	SHOULD	BOULEVARD
/kʊd/	/wʊd/	/ʃʊd/	/bʊləˌvaɚd/

Example 3: In the words below, *OU* gives the /a:/ sound and following *GH* remains silent.

OU- **a:**

BOUGHT	THOUGHT	FOUGHT	NOUGHT
/ba:t/	/θa:t/	/fa:t/	/na:t/

Example 4: In some words, like the ones below, *O* gives the sound /oʊ/, and *U* remains silent. Normally, *GH* remains silent in the middle and sometimes, at the end of the words.

OU-**oʊ**

THOUGH	DOUGH	SOUL	SHOULDER
/ðoʊ/	/doʊ/	/soʊl/	/ʃoʊldɚ/

Example 5: In the words below, *O* doesn't have a sound, but *U* gives its /u:/ sound.

OU-**u:**

COUGAR	SOUP	YOU	WOUND
/ku:g/	/su:p/	/ju:/	/wu:nd/

Example 6: In some words like the ones below, *O* remains silent, and the letter *U* gives its /ʌ/ sound.

Silent "o" | OU- ʌ

TOUCH	YOUNG	SLOUGH	COUSIN
/tʌtʃ/	/jʌŋ/	/slʌf/	/kʌzən/

Example 7: In some other words, *O* gives its /o/ sound and *U* joins with the following *R* gives the /ɚ/ sound.

OU- **o**

FOUR	POUR	SOURCE	COURT
/foɚ/	/poɚ/	/soɚs/	/koɚt/

Example 8: In the words given below, *U* shares its sound with both *O* and the following consonant.

OU- **a**

OUR	SOUR	FOUL	FLOUR
/awɚ/	/sawɚ/	/fawəl/	/flawɚ/

Example 9: In these words, the letter *O* gives the /u/ sound, and the letter *U* joins with the following *R* gives the /ɚ/ sound.

OU- **u**

TOUR	DOUR	GOURD	TOURNEY
/tuɚ/	/duɚ/	/guɚd/	/tuɚni/

Example 10: O remains silent in the words below, and the letter *U* joins with *R* and makes the /ɚ/ sound. Sometimes *R* shares the sound with both vowels before and after.

silent O | OU- **u**

JOURNAL	COURAGE	COURIER	JOURNEY
/dʒɚnl/	/kɚrɪdʒ/	/kɚrijɚ/	/dʒɚni/

AY

AY mostly has one sound.

Example 1: The vowel *A* followed by the consonant *Y* gives the sound /eɪ/.

AY- **eɪ**

SAY	DAY	CLAY	SPRAY
/seɪ/	/deɪ/	/kleɪ/	/spreɪ/

AI

AI has its regular sound /eɪ/ in the words, but it has different sounds when it is used at the beginning of some words.

Example1: In the words below, *AI* gives the same sound in all words.

AI- **eɪ**

TAIL	PAINT	SLAIN	MAIN
/teɪl/	/peɪnt/	/sleɪn/	/meɪn/

Example 2: But in the words below, *AI* gives some different sounds at the beginning of the words (e.g., eɪ, aj).

AI- **eɪ, aj**

AIM	A**IR**	AID	AISLE
/eɪm/	/eɚ/	/eɪd/	/ajəl/

AU

AU has two sounds.

Example 1: At the beginning and in the middle, *AU* gives the /ɑ:/ sound.

AU- **ɑ:**

AUTUMN	C**AU**SE	P**AU**SE	D**AU**NT
/ɑ:təm/	/kɑ:z/	/pɑ:z/	/dɑ:nt/

Example 2: When *AU* comes at the end of the words, it gives the /oʊ/ sound.

AU-**oʊ**

BUR**EAU**	PLAT**EAU**	B**EAU**	TABL**EAU**
/bjɚroʊ/	/plætoʊ/	/boʊ/	/tæˌbloʊ/

OW

Ow has three different sounds.

Example 1: In some words given below, *OW* gives the /oʊ/ sound.

$$\boxed{\text{OW-}\mathbf{o\upsilon}}$$

GR**OW**	L**OW**	R**OW**	BL**OW**
/gro**ʊ**/	/lo**ʊ**/	/ro**ʊ**/	/blo**ʊ**/

Example 2: In some words, *OW* gives the /aʊ/ sound.

$$\boxed{\text{OW-}\mathbf{a\upsilon}}$$

BR**OW**	C**OW**	N**OW**	G**OW**N
/bra**ʊ**/	/ka**ʊ**/	/na**ʊ**/	/ga**ʊ**n/

Example 3: In the words below, *w* shares the sound with both *O* and *E* and gives the /aw/ sound.

$$\boxed{\text{OW-}\mathbf{aw}}$$

T**OWER**	B**OWER**	C**OWER**	FL**OWER**
/taw**ɚ**/	/baw**ɚ**/	/kaw**ɚ**/	/flaw**ɚ**/

$$\boxed{\textbf{AW}}$$

AW has two sounds in words.

Example 1: In some words, *AW* gives the /ɑ:/ sound at the beginning and at the end of the words.

$$\boxed{\text{AW-}\mathbf{\alpha:}}$$

DR**AW**	**AW**FUL	FL**AW**	L**AW**
/drɑ:/	/ɑ:fəl/	/flɑ:/	/lɑ:/

Example 2: And in some other words, *AW* gives the /ə'w/ sound.

AW-ə'**w**

AWAIT	AWAKE	AWAY	AWARD
/ə'weɪt/	/ə'weɪk/	/ə'weɪ/	/ə'woɚd/

CK

C and *K* have similar sounds, so they make the same sound even when they come together.

CK- **k**

PRI**CK**	BLA**CK**	CRA**CK**	PRI**CK**LE
/prɪk/	/blæk/	/kræk/	/prɪkəl/

SH

SH has only one sound in words.

SH- ʃ

PU**SH**	CRA**SH**	**SH**IP	**SH**UT
/pʊʃ/	/kræʃ/	/ʃɪp/	/ʃʌt/

CH

CH has three sounds.

Example 1: In the given words below, *CH* gives the /tʃ/ sound.

$$\boxed{\text{CH- } \mathbf{t\int}}$$

CHIN	CHEAP	PUNCH	CHAIR
/t∫ɪn/	/t∫i:p/	/pʌnt∫/	/t∫eɚ/

Example 2: In some words *CH* gives the sound similar to the *SH* sound that is /∫/.

$$\boxed{\text{CH- } \mathbf{\int}}$$

CHIC	CHICAGO	MACHINE	CHICANERY
/∫i:k/	/∫əˈka:goʊ/	/məˈ∫i:n/	/∫ɪˈkeɪnəri/

Example 3: Sometimes in some words, *CH* gives the /k/ sound, just like in the words below.

$$\boxed{\text{CH- } \mathbf{k}} \quad \text{silent "H"}$$

CHORD	STOMACH	CHOIR	ACHE
/koɚd/	/stʌmək/	/kwajɚ/	/eɪk/

$$\boxed{\mathbf{TH}}$$

TH has two sounds in the words

Example 1: In the words below, *TH* gives the /θ/ sound.

$$\boxed{\text{TH- } \mathbf{\theta}}$$

THICK	BREATH	THREE	BATH
/θɪk/	/brɛθ/	/θri:/	/bæθ/

Example 2: In some words, *TH* gives the /ð/ sound.

TH- **ð**

THIS	BATHE	BREATHE	THAN
/ðɪs/	/beɪð/	/briːð/	/ðæn/

NG

NG has two sounds in the words.

Example 1: NG gives the sound /ŋ/ in the words below.

NG- **ŋ**

SING	BRING	WING	CLING
/sɪŋ/	/brɪŋ/	/wɪŋ/	/klɪŋ/

Example 2: The G in the NG joins with the following vowels Y and E, and gives the /ʤ/ sound.

NG- **ʤ**

BINGE	STINGY	SINGE	TINGE
/bɪnʤ/	/stɪnʤi/	/sɪnʤ/	/tɪnʤ/

PH

PH has only one sound in words.

PH- **f**

PHONE	GRAPH	PHONICS	GRAPHITE
/foʊn/	/græf/	/faːnɪks/	/græˌfaɪt/

GH

GH has two different sounds and one silent part.

Example 1: In some words, GH gives the /f/ sound.

GH- **f**

LAU**GH**	COU**GH**	ENOU**GH**	SLOU**GH**
/læf/	/kɑːf/	/ɪˈnʌf/	/slʌf/

Example 2: In some other words GH gives the /g/ sound. The letter H remains silent.

GH- **g**   Silent H

GHOST	GHASTLY	GHOUL	GHETTO
/goʊst/	/gæstli/	/guːl/	/gɛtoʊ/

Example 3: In the words below, GH gives no sound.

GH-   (Silent "GH")

HIGH	SIGH	LIGHT	FIGHT
/haɪ/	/saɪ/	/laɪt/	/faɪt/

OA

OA has almost the same sound in all positions in the words. But there are some exceptions.

OA- **oʊ**

TOAD	BOAT	OAK	OASIS
/toʊd/	/boʊt/	/oʊk/	/oʊˈeɪsəs/

oe

OE has some different sounds in the words.

Example 1: In the words below, OE gives the /oʊ/ sound.

OE- oʊ

TOE	FOE	WOE	HOE
/toʊ/	/foʊ/	/woʊ/	/hoʊ/

Example 2: But OE gives /ʌ/, /ow/, /oʊ/, /i:/, and u: sounds in some other words.

OE- ʌ, ow, oʊ, i:, u:

DOES	BOER	POEM	GOES
/dʌz/	/boɚ/	/powəm/	/goʊz/
phoenix	coelom	coelenterate	shoe
/ˈfi:nɪks/	/síːləm/	/silɛntəreit/	/ʃuː/

AR

AR has two different sounds in the words.

Example 1: When AR comes in the middle and at the end of the words, it almost gives the /aɚ/ sound.

AR- aɚ

ARM	STAR	MARCH	CAR
/aɚm/	/staɚ/	/maɚtʃ/	/kaɚ/

Example 2: In the words below, A gives /e/ and /ə/ sounds, and R joins with the following letter.

AR- **er, ə'r**

ARABLE	ARABIC	ARRANGE	ARISE
/erəbəl/	/erəbɪk/	/əˈreɪndʒ/	/əˈraɪz/

ER

ER has two sounds in words.

Example 1: In these words below, ER gives the /ɚ/ sound.

ER- ɚ

TERM	SISTER	ERMINE	GERM
/tɚm/	/sɪstɚ/	/ɚmən/	/dʒɚm/

Example 2: When ER comes at the beginning of the words, E gives /e/ and /ɪ/ sounds, and the letter R joins with the following letter.

ER- **er, ɪ'r**

ERA	ERRAND	ERASE	ERROR
/erə/	/erənd/	/ɪˈreɪs/	/erɚ/

IR

IR has two sounds in words.

Example 1: When IR comes in the middle and at the end of the words, it gives the /ɚ/ sound.

IR - ɚ

STIR	FIRM	SIR	BIRTH
/stɚ/	/fɚm/	/sɚ/	/bɚθ/

Example 2: In some other words, *IR* gives some other different sounds. In the words below, it gives /ɪ'r/, /aɪr/, and /aj/ sounds. Letter *I* gives /ɪ/ and /aɪ/ sounds, and the letter *R* joins with the following letter. Sometimes, *R* remains silent (e.g., *iron*).

IR - ɪ'r, aɪr, aj

IRAN	SIREN	IRIS	IRON
/ɪ'rɑ:n/	/saɪrən/	/aɪrəs/	/ajɚn/

OR

OR has three sounds in the words

Example 1: *OR* gives /ɚ/ sound when it comes at the end of the words.

OR- ɚ

DOCTOR	VICTOR	TRACTOR	ACTOR
/dɑ:ktɚ/	/vɪktɚ/	/træktɚ/	/æktɚ/

Example 2: When *OR* comes in the middle of the words, and sometimes at the beginning, it gives the /oɚ/ sound.

OR-oɚ

TORCH	OR	PORCH	ORNAMENT
/toɚtʃ/	/oɚ/	/poɚtʃ/	/oɚnəmənt/

Example 3: At the beginning of the words, *O* gives the /o/ sound, and the letter *R* joins with the following letter.

OR- o			

ORAL	**ORANGE**	**ORIENT**	**ORIOLE**
/orəl/	/orɪnʤ/	/ori͵ɛnt/	/ori͵oʊl/

UR

UR has its two sounds in the words.

Example 1: *UR* gives its sounds at the beginning, in the middle, and at the end of the words.

UR- ɚ			

TURN	**FUR**	**URN**	**URGENT**
/tɚn/	/fɚ/	/ɚn/	/ɚʤənt/

Example 2: In the words below, *U* gives its sound / jʊ/, and the *R* joins with the following letter.

UR- jʊ			

URETHRA	**URANIUM**	**UREA**	**URANUS**
/jʊˈriːθrəl/	/jʊˈreɪnijəm/	/jʊˈriːjəl/	/jʊˈreɪnəs/

NOTE: In this lesson, we are going to see how some phonemes like *ion, ure, ual, ial, ian, ain, ile, ine, ule, ize, ise,* and *ory* change their sounds when they take a consonant right before them.

Normally the vowels *a, e, i, o, u* give their name sounds when followed by a consonant and when there is an *e* at the end of the words. (e.g., ei, i:, ai, oʊ, ju:), but there are some exceptions shown in this lesson. Notice the changes.

First, let's see how the letters *S* and *T* make the sounds with *ion*.

SION

Sion has two sounds in the words.

Example 1: In most of the words, *SION* gives the /ʒən/ sound.

SION - ʒən

vision	television	conclusion	decision
/vɪʒən/	/tɛlə͵vɪʒən/	/kən'klu:ʒən/	/dɪ'sɪʒən/

Example 2: In some other words, *SION* gives the /ʃən/ sound.

SION- ʃən

tension	pension	discussion	concussion
/tɛnʃən/	/pɛnʃən/	/dɪ'skʌʃən/	/kən'kʌʃən/

TION

TION has two sounds.

Example 1: In the words below, *TION* gives the /ʃən/ sound.

TION - ʃən

fraction	dictation	auction	conversation
/frækʃən/	/dɪk'teɪʃən/	/a:kʃən/	/ka:nvɚ'seɪʃən/

Example 2: In the words below, *TION* gives the sound /tʃən/.

TION- tʃən

suggestion	digestion	congestion	combustion
/sə'dʒɛstʃən/	/dar'dʒɛstʃən/	/kən'dʒɛstʃən/	/kəm'bʌstʃən/

SURE

When the consonants *D, S,* and *T* join with *URE*, they give some different sounds.

Example 1: In the words below, *SURE* gives the /ʃuɚ/ sound.

SURE- ʃuɚ

<u>sure</u>	as<u>sure</u>	en<u>sure</u>	un<u>sure</u>
/ʃuɚ/	/əˈʃuɚ/	/ɪnˈʃuɚ/	/ʌnˈʃɚ/

Example 2: In the given words below, *SURE* gives the /ʃɚ/ sound

SURE- ʃɚ

pres<u>sure</u>	fis<u>sure</u>	in<u>sure</u>	cen<u>sure</u>
/prɛʃɚ/	/fɪʃɚ/	/ɪnˈʃɚ/	/ˈsɛnʃɚ/

Example 3: *SURE* gives the /ʒɚ/ sound in these words.

SURE- ʒɚ

pleasure	treasure	leisure	measure
/plɛʒɚ/	/trɛʒɚ/	/liːʒɚ/	/mɛʒɚ/

DURE

DURE has two sounds at the end of the words.

Example 1: There are few words end up with *DURE*.

DURE- dʒɚ, dɚ

proce<u>dure</u>	en<u>dure</u>	-------------	-------------
/prəˈsiːdʒɚ/	/ɪnˈdɚ/	-------------	-------------

TURE

TURE has two sounds in the words.

Example 1: TURE gives its usual sound /tʃɚ/ in these words.

TURE- **tʃɚ**

puncture	fracture	lecture	nature
/pʌŋktʃɚ/	/fræktʃɚ/	/lɛktʃɚ/	/neɪtʃɚ/

Example 2: In the words below, TURE can be pronounced either /tuɚ/ or /tʃuɚ/. Both are correct.

TURE- **tuɚ, tʃuɚ**

mature	premature	immature
/məˈtuɚ/, /məˈtʃuɚ/	/priːməˈtuɚ/, ˌ/priːməˈtʃuɚ/	/ɪməˈtuɚ/, /ɪməˈtʃɚ/

Consonants *d* and *t* make some different sounds when they are followed by *ual*.

DUAL

DUAL has two sounds.

Example 1: You can see the two sounds /duːwəl/ and /dʒəwəl/, in the words below.

DUAL- **duːwəl, dʒəwəl**

dual	individual	gradual	---------
/duːwəl/	/ɪndəˈvɪdʒəwəl/	/grædʒəwəl/	---------

TUAL

TUAL has almost one sound.

TUAL - tʃəwəl

ac<u>tual</u>	**punc<u>tual</u>**	**effec<u>tual</u>**	**mu<u>tual</u>**
/æktʃəwəl/	/pʌŋk tʃəwəl/	/ɪˈfɛktʃəwəl/	/mjuːtʃəwəl/

TIAN

Example: *TIAN* gives two sounds, /ʃən/ and /tʃən/.

TIAN- ʃən, tʃən

dieti<u>tian</u>	**Egyp<u>tian</u>**	**Hai<u>tian</u>**	**Chris<u>tian</u>**
/dajəˈtɪʃən/	/ɪˈdʒɪpʃən/	/heɪʃən/	/krɪstʃən/

TAIN

T with *ain* gives two different sounds.

Example 1: *TAIN* sounds like /teɪn/ in these words.

TAIN- **teɪn**

at<u>tain</u>	**de<u>tain</u>**	**ob<u>tain</u>**	**enter<u>tain</u>**
/əˈteɪn/	/dɪˈteɪn/	/əbˈteɪn/	/ɛntɚˈteɪn/

Example 2: In the words below, *TAIN* has the glottal stop, so it gives the /tn/ sound.

TAIN- **tn**

moun<u>tain</u>	cer<u>tain</u>	plan<u>tain</u>	foun<u>tain</u>
/mɑʊntn/	/sɚtn/	/plæntn/	/fɑʊntn/

TIAL

T with *ial* almost gives one sound.

Example: *TIAL* gives the **/ʃəl/** sound in the words.

TIAL- **ʃəl**

essen<u>tial</u>	mar<u>tial</u>	par<u>tial</u>	bes<u>tial</u>
/ɪˈsɛnʃəl/	/mɑɚʃəl/	/pɑɚʃəl/	/bɛstʃəl/

CIAL

C with *ial* gives one sound

CIAL- **ʃəl**

spe<u>cial</u>	so<u>cial</u>	cru<u>cial</u>	offi<u>cial</u>
/spɛʃəl/	/soʊʃəl/	/kruːʃəl/	/əˈfɪʃəl/

DULE

D with *ule* has got one sound.

DULE- **dʒuːl**

mo<u>dule</u>	sche<u>dule</u>	no<u>dule</u>	---------
/mɑːˌdʒuːl/	/skɛˌdʒuːl/	/nɑːdʒuːl/	--------

ORY

The letters *ory* has two sounds in English.

Example 1: *Ory* sounds like /ori/ in the given words below.

ORY- **ori**

st**ory**	circula**tory**	labora**tory**	respira**tory**
/stori/	/sɚkjələˌtori/	/læbrəˌtori/	/rɛspərəˌtori/

Example 2: But in some words, *ORY* gives the /əri/ sound.

ORY- **əri**

vic**tory**	fac**tory**	advi**sory**	acce**ssory**
/vɪktəri/	/fæktəri/	/ədˈvaɪzəri/	/ɪkˈsɛsəri/

ISE

ISE has four sounds.

Example 1: Most of the time when *ISE* comes at the end of the words, it gives the /ɪz/, /iːz/, /aɪz/ sounds. As usual, there are some exceptions. In the words below, it gives /ɪz/, /iːz/ sounds.

ISE- **ɪz, iːz**

pra**ise**	no**ise**	experti**se**	po**ise**
/preɪz/	/noɪz/	/ɛkspɚˈtiːz/	/poɪz/

Example 2: Sometimes, *ise* gives the /aɪz/ sound as shown in the words below.

ISE- **aɪz**			
r**ise**	exc**ise**	w**ise**	dev**ise**
/raɪz/	/ɛkˌsaɪz/	/waɪz/	/dɪˈvaɪz/

Example 3: You can see *ise* gives /əs/ and /aɪs/ sounds in the examples below.

ISE- **əs, aɪs**			
prom**ise**	prec**ise**	v**ise**	tort**oise**
/prɑːməs/	/prɪˈsaɪs/	/vaɪs/	/toɚtəs/

ILE	**ICE**

As we have learned in the previous lessons, the letter *I* gives its name sound /aɪ/ when the word ends with an *E*. But in some words, it doesn't sound so. It gives the /ə/ sound.

ILE, ICE- **əl, əs**			
ster**ile**	not**ice**	mal**ice**	solst**ice**
/sterəl/	/noʊtəs/	/mæləs/	/sɑːlstəs/

ANT

ANT has different sounds when it takes a consonant before it.

Example 1: In the words below, it has two forms of sounds.

ANT- **ænt, ɑːnt**			
p**ant**	c**an't**	r**ant**	w**ant**
/pænt/	/kænt/	/rænt/	/wɑːnt/

Example 2: In these words, *ANT* gives the sound /ənt/.

ANT-**ənt**

irrit**ant**	assist**ant**	particip**ant**	applic**ant**
/irətənt/	/əˈsɪstənt/	/paɚˈtɪsəpənt/	/æplɪkənt/

Example 3: In the words below, the words have a glottal stop. So *ANT* gives the /n̩t/ sound.

ANT-**n̩t**

pheas**ant**	pleas**ant**	blat**ant**	import**ant**
/fɛzn̩t/	/plɛzn̩t/	/bleɪtn̩t/	/ɪmˈpoɚtn̩t/

ILE

The words given below ends with *ILE.*

Example 1: The words below end with *ILE* give the /əl/ sound.

ILE- **əl**

miss**ile**	mob**ile**	doc**ile**	fac**ile**
/mɪsəl/	/moʊbəl/	/dɑːsəl/	/fæsəl/

Example 2: These words give the sound /ajəl/

ILE- **ajəl**

gent**ile**	st**ile**	prof**ile**	rept**ile**
/dʒɛnˌtajəl/	/stajəl/	/proʊˌfajəl/	/rɛpˌtajəl/

Example 3: In the examples below, *I* doesn't make any sound. They end up with a glottal stop and give only the **/l/** sound.

ILE- **l**

fert**ile**	text**ile**	versat**ile**	fut**ile**
/fɚtl/	/tɛkstl/	/vɚsətl/	/fjuːtl̩/

Example 4: In the words below, *ILE* has some other sounds. They give **/iːl/** and /əli/ sounds.

ILE- **iːl, əli**

mercant**ile**	sim**ile**	facsim**ile**	------------
/mɚkənˌtiːl/	/sɪməli/	/fækˈsɪməli/	-----------

The vowel *u* has two sounds when it takes *de* and *te* after it (e.g., uːd, juːt**)**.

UDE

Example 1: Unlike the other words, there is a slight difference when you pronounce the words below. The letter *u* gives the sound **/uː/** instead of /juː**/**.

UDE- **uːd**

interl**ude**	el**ude**	latit**ude**	gratit**ude**
/ɪntɚˌluːd/	/iˈluːd/	/lætəˌtuːd/	/grætəˌtuːd/

UTE

Ute also has one sound. The letter *u* gives the sound /juː**/.**

Example-2

UTE- **ju:t**

attri**ute**	contrib**ute**	prosec**ute**	exec**ute**
/əˈtrɪˌbjuːt/	/kənˈtrɪbjuːt/	/prɑːsɪˌkjuːt/	/ɛksɪˌkjuːt/

When the vowel *u* takes *ce* and *se*, it gives some different sounds.

UCE

Example 1: In the words below, *UCE* gives the **/**u:s/ and /əs/ sound.

UCE- **u:s, əs**

red**uce**	prod**uce**	introd**uce**	lett**uce**
/rɪˈduːs/	/prəˈduːs/	/ɪntrəˈduːs/	/lɛtəs/

USE

USE has almost one sound.

Example 2: But in the words below, the letter *u* gives the usual sound /ju:**/.**

USE- **ju:z**

profuse	excuse	abuse	confuse
/prəˈfjuːs/	/ɪkˈskjuːz/	/əˈbjuːz/	/kənˈfjuːz/

Likewise, the words that end up with *ate* and *ale* has got some different sounds. The letter *a* gives two sounds. The usual sound of letter *a* is /eɪ/ when the word is ending up with an *e*. But there are exceptions.

AME	ALE	ATE

Example 1: In the words below, *A* gives its usual sound /eɪ/.

eɪm, eɪl, eɪt

game	pale	associate	alternate
/geɪm/	/peɪl/	/əˈsoʊʃiˌeɪt/	/ɑːltɚˌneɪt/

Example 2: But in the words below, *A* sounds like /ə/ and /æ/.

ət, æl

delegate	climate	chocolate	morale
/dɛlɪgət/	/klaɪmət/	/tʃɑːklət/	/məˈræl/

OUS

OUS adjective suffix has /əs/ sound at the end of the words. This *OUS* takes consonants before them to make sounds. Sometimes it takes some vowels like *e, i, and u* before taking the consonants.

For example,

Mu**cous** = Here it takes a consonant *c.*

Deli**cious** = Here it takes the vowel *I* before it joins the consonant *c.*

Va**cuous** = Here it takes the vowel *u* before it joins the consonant *c.*

Hi**deous** = Here it takes the vowel *e* before it joins the consonant *d.*

In this lesson, let's see how this suffix *ous* makes sounds with the vowels and the consonants. Some readers struggle when they read some words with these suffixes. You can see a pattern when you read.

cous	ceous	cious	cuous
/kəs/	/ʃəs/	/ʃəs/	/kjəwəs/

dous	deous	dious	duous
/dəs/	/dijəs/	/dijəs/	/dʒəwəs/

gous	geous	gious	guous
/gəs/	/dʒəs/	/dʒəs/	/gjəwəs/

lous	leous	lious	luous
/ləs/	/ljəs/	/ljəs/	/ləwəs/

mous	meous	mious	muous
/məs/	/mijəs/	/mijəs/	/məwəs/

nous	neous	nious	nuous
/nəs/	/nijəs/	/nijəs/	/njuwəs/

pous	peous	pious	puous
/pəs/	/pijəs/	/pijəs/	/pəwəs/

rous	reous	rious	ruous
/rəs/	/rijəs/	/rijəs/	/rəwəs/

sous	seous	sious	suous
/səs/	/ʃəs/	/ʃəs/	/ʃəwəs/

tous	teous	tious	tuous
/təs/	/ʃəs/	/ʃəs/	/tʃuwəs/

vous	veous	vious	vuous
/vəs/	/vijəs/	/vijəs/	/vəwəs/

-------	-------	xious	---------
-------	-------	/kʃəs/	---------

Additional Practice 1

Write the words in the blank below

BAT	RED	TIN	POT
/'bæt/	/'rɛd/	/'tɪn/	/'pɑːt/
RAT	BED	SIN	DOT
/ræt/	/'bɛd/	/'sɪn/	/'dɑːt/
MAT	NET	WIN	GOD
/'mæt/	/'nɛt/	/'wɪn/	/'gɑːd/
SAT	TEN	BIN	HOT
/'sæt/	/'tɛn/	/'bɪn/	/'hɑːt/
HEN	KID	ROD	MUD
/'hɛn/	/'kɪd/	/'rɑːd/	/'mʌd/
LEG	DIM	NOD	NUT
/'lɛg/	/'dɪm/	/'nɑːd/	/'nʌt/
FAN	NAP	CAN	APT
/'fæn/	/'næp/	/kən/	/'æpt/
FIN	NET	GUN	TAP
/'fɪn/	/'nɛt/	/'gʌn/	/'tæp/
FUN	NIL	SAD	BAN
/'fʌn/	/'nɪl/	/'sæd/	/'bæn/
JAM	NUN	SIN	ZIP
/'dʒæm/	/'nʌn/	/'sɪn/	/'zɪp/
MID	JET	NOT	MAT
/'mɪd/	/'dʒɛt/	/'nɑːt/	/'mæt/
MUD	JOT	RAT	MAD
/'mʌd/	/'dʒɑːt/	/ræt/	/'mæd/
BAD	LAP	RED	VAN
/'bæd/	/'læp/	/'rɛd/	/'væn/

Additional Practice 2

LIST	DON'T	JUMP	SNOT
/ˈlɪst/	/ˈdoʊnt/	/ˈdʒʌmp/	/ˈsnɑːt/
NEST	MIST	BRAG	DENT
/ˈnɛst/	/ˈmɪst/	/ˈbræg/	/ˈdɛnt/
DRAG	STOP	LOST	TEND
/ˈdræg	/ˈstɑːp/	/ˈlɑːst/	/ˈtɛnd/
CLAP	COST	PLAN	SPAN
/ˈklæp/	/ˈkɑːst/	/ˈplæn/	/ˈspæn/
BAND	TEST	MASK	SLAP
/ˈbænd/	/ˈtɛst/	/ˈmæsk/	/ˈslæp/
PLUM	BEST	DESK	BOND
/ˈplʌm/	/ˈbɛst/	/ˈdɛsk/	/ˈbɑːnd/
SAND	FAST	SLUM	TANK
/ˈsænd/	/ˈfæst/	/ˈslʌm/	/ˈtæŋk/
DUST	FIST	BOLD	LAND
/ˈdʌst/	/ˈfɪst/	/ˈboʊld/	/ˈlænd/
LIPS	RISK	POST	MOLD
/ˈlɪps/	/ˈrɪsk/	/ˈpoʊst/	/ˈmoʊld/
SMART	MOTOR	BARBARIC	PERFECT
/smɑɚt/	/moʊtɚ/	/bɑɚˈberɪk/	/pɚˈfɛkt/
MART	MORNING	BARB	PERFORM
/mɑɚt/	/moɚnɪŋ/	/ˈbɑɚb/	/pɚˈfoɚm/
MARCH	FERN	BARBER	ENTERTAINMENT
/mɑɚtʃ/	/fɚn/	/ˈbɑɚbɚ/	/ˌɛntɚˈteɪnmənt/
SISTER	TURN	BARF	PERFUME
/sɪstɚ/	/tɚn/	/bɑɚf/	/ˈpɚˌfjuːm/

Additional Practice 3

FOOL	LEAD	THIN	THAN
/ˈfuːl/	/ˈliːd/	/ˈθɪn/	/ˈðæn/
POOL	DEEP	CHIN	CHAT
/ˈpuːl/	/ˈdiːp/	/ˈtʃɪn/	/ˈtʃæt/
FREE	PEEP	STAR	MATH
/ˈfriː/	/ˈpiːp/	/ˈstɑɚ/	/ˈmæθ/
FLEE	GOOD	ARCH	CHEAT
/ˈfliː/	/ˈgʊd/	/ˈɑɚtʃ/	/ˈtʃiːt/
TEEN	COOL	FEEL	WOOD
/ˈtiːn/	/ˈkuːl/	/ˈfiːl/	/ˈwʊd/
MOON	DEED	PEEL	FOOD
/ˈmuːn/	/ˈdiːp/	/ˈpiːl/	/ˈfuːd/
TEAM	BEAT	MOOD	SEAT
/ˈtiːm/	/ˈbiːt/	/ˈmuːd/	/ˈsiːt/
MEET	SEAL	WOOL	NEED
/ˈmiːt/	/ˈsiːl/	/ˈwʊl/	/ˈniːd/
NOON	DOOM	BOOT	FOOL
/ˈnuːn/	/ˈduːm/	/ˈbuːt/	/ˈfuːl/
BEAN	SOON	TEAM	POOL
/ˈbiːn/	/ˈsuːn/	/ˈtiːm/	/ˈpuːl/
SEEN	DEAL	SEAM	FREE
/ˈsiːn/	/ˈdiːl/	/ˈsiːm/	/ˈfriː/
TOOL	BEAM	SEEM	FLEE
/ˈtuːl/	/ˈbiːm/	/ˈsiːm/	/ˈfliː/
WATCH	GRAND	STOOL	BIRTH
/ˈwɑːtʃ/	/ˈgrænd/	/stuːl/	/bɚθ/
CHEEK	CHEST	CREAM	SLANT
/ˈtʃiːk/	/ˈtʃɛst/	/ˈkriːm/	/ˈslænt/
BRUSH	TUMMY	BOOST	YUMMY
/ˈbrʌʃ/	/ˈtʌmi/	/ˈbuːst/	/jʌmi/

Additional Practice 4

cane	obese	crime	broke
/ˈkeɪn/	/oʊˈbiːs/	/ˈkraɪm/	/ˈbroʊk/
fade	concrete	bile	stone
/ˈfeɪd/	/ˈkaːnˌkriːt/	/ˈbajəl/	/ˈstoʊn/
made	scheme	bribe	close
/ˈmeɪd/	/ˈskiːm/	/ˈbraɪb/	/ˈkloʊz/
game	theme	tide	slope
/ˈgeɪm/	/ˈθiːm/	/ˈtaɪd/	/ˈsloʊp/
pale	Burmese	dime	joke
/ˈpeɪl/	/bɚˈmiːz/	/ˈdaɪm/	/ˈdʒoʊk/
cool	with	party	mouth
/ˈkuːl/	/ˈwɪθ/	/ˈpaɚti/	/ˈmaʊθ/
seat	then	bird	how
/ˈsiːt/	/ˈðɛn/	/ˈbɚd/	/ˈhaʊ/
sister	speak	brown	punctual
/ˈsɪstɚ/	/ˈspiːk/	/ˈbraʊn/	/ˈpʌŋktʃəwəl/
brother	brush	green	factory
/ˈbrʌðɚ/	/ˈbrʌʃ/	/ˈgriːn/	/ˈfæktəri/
arch	sleep	orange	dictation
/ˈaɚtʃ/	/ˈsliːp/	/ˈorɪndʒ/	/dɪkˈteɪʃən/
turtle	tree	buy	essential
/ˈtɚtl/	/ˈtriː/	/ˈbaɪ/	/ɪˈsɛnʃəl/
birth	crown	circle	histology
/ˈbɚθ/	/ˈkraʊn/	/ˈsɚkəl/	/histaːlədʒi/
animal	knob	circus	musician
/ˈænəməl/	/ˈnaːb/	/ˈsɚkəs/	/mjuˈzɪʃən/
sentence	limb	gradual	stain
/ˈsɛntn̩s/	/ˈlɪm/	/ˈgrædʒəwəl/	/ˈsteɪn/

Additional Practice 5

chance	cyanide	gelatin	gill
/ˈtʃæns/	/ˈsajəˌnaɪd/	/ˈdʒɛlətən/	/ˈgɪl/
cease	cycle	gel	gin
/ˈsiːs/	/ˈsaɪkəl/	/ˈdʒɛl/	/ˈdʒɪn/
celery	cygnet	Gemini	ginger
/ˈsɛləri/	/ˈsɪgnət/	/ˈdʒɛməni/	/ˈdʒɪndʒɚ/
celebrity	cylinder	gender	gift
/səˈlɛbrəti/	/ˈsɪləndɚ/	/ˈdʒɛndɚ/	/ˈgɪft/
celebrate	cymbal	general	giggle
/ˈsɛləˌbreɪt/	/ˈsɪmbəl/	/ˈdʒɛnrəl/	/ˈgɪgəl/
cell	cynical	geology	giraffe
/ˈsɛl/	/ˈsɪnɪkəl/	/dʒiˈaːlədʒi//	/dʒəˈræf/
ceramic	Cyprus	germ	gigantic
/səˈræmɪk/	/ˈsaɪprəs/	/ˈdʒɚm/	/dʒaɪˈgæntɪk/
throw	road	pleasure	sign
/ˈθroʊ/	/ˈroʊd/	/ˈplɛʒɚ/	/ˈsaɪn/
singing	race	spine	curl
/ˈsɪ ŋɪŋ/	/ˈreɪs/	/ˈspaɪn/	/ˈkɚl/
snarl	branch	telescope	climb
/ˈsnaɚl/	/ˈbræntʃ/	/ˈtɛləˌskoʊp/	/ˈklaɪm/
prick	cabbage	stethoscope	knock
/ˈprɪk/	/ˈkæbɪdʒ/	/ˈstɛθəˌskoʊp/	/ˈnaːk/
cheap	garbage	contribute	comb
/ˈtʃiːp/	/ˈgaɚbɪdʒ/	/kənˈtrɪbjuːt/	/ˈkoʊm/
cautious	factory	rectory	reassure
/ˈkaːʃəs/	/ˈfæktəri/	/ˈrɛktəri/	/ˌriːjəˈʃɚ/
superfluous	victory	conservatory	censure
/sʊˈpɚfluwəs/	/ˈvɪktəri/	/kənˈsɚvəˌtori/	/ˈsɛnʃɚ/
precious	history	amatory	composure
/ˈprɛʃəs/	/ˈhɪstəri/	/ˈæməˌtori/	/kəmˈpoʊʒɚ/
delicious	observatory	story	exposure
/dɪˈlɪʃəs/	/əbˈzɚvəˌtori/	/ˈstori/	/ɪkˈspoʊʒɚ/

Reading Comprehension 1

I	who	itself	somebody	or
/ˈaɪ/	/ˈhu:/	/ɪtˈsɛlf/	/ˈsʌmˌbʌdi/	/ˈoɚ/
my	whose	all	someone	nor
/ˈmaɪ/	/ˈhu:z/	/ˈa:l/	/ˈsʌmˌwʌn/	/ˈnoɚ/
mine	whom	any	something	however
/ˈmaɪn/	/ˈhu:m/	/ˈɛni/	/ˈsʌmˌθɪŋ/	/haʊˈɛvɚ/
me	what	anybody	always	nonetheless
/ˈmi:/	/ˈwa:t/	/ˈɛniˌbʌdi/	/ˈa:lˌweɪz/	/ˌnʌnðəˈlɛs/
we	which	anyone	regularly	meanwhile
/ˈwi:/	/ˈwɪtʃ/	/ˈɛniˌwʌn/	/ˈrɛgjələɚli/	/ˈmi:nˌwajəl/
our	when	anything	often	but
/ˈawɚ/	/ˈwɛn/	/ˈɛniˌθɪŋ/	/ˈa:fən/	/ˈbʌt/
ours	whose	both	frequently	after
/ˈawɚz/	/ˈhu:z/	/ˈboʊθ/	/ˈfri:kwəntli/	/ˈæftɚ/
us	whom	each	daily	before
/ˈʌs/	/ˈhu:m/	/ˈi:tʃ/	/ˈdeɪli/	/bɪˈfoɚ/
you	where	either	accidentally	although
/ˈju:/	/ˈwɛɚ/	/ˈi:ðɚ/	/ˌæksəˈdɛntli/	/alˈðoʊ/
your	this	everybody	even	thus
/ˈjoɚ/	/ˈðɪs/	/ˈɛvriˌbʌdi/	/ˈi:vən/	/ˈðʌs/
yours	that	everyone	eventually	otherwise
/ˈjoɚz/	/ˈðæt/	/ˈɛvriˌwʌn/	/ɪˈvɛntʃəwəli/	/ˈʌðɚˌwaɪz/
he	these	everything	nearly	hence
/ˈhi:/	/ˈði:z/	/ˈɛvriˌθɪŋ/	/ˈniɚli/	/ˈhɛns/
his	those	many	rarely	instead
/ˈhɪz/	/ˈðoʊz/	/ˈmɛni/	/ˈrɛɚli/	/ɪnˈstɛd/
him	there	neither	never	besides
/ˈhɪm/	/ˈðɛɚ/	/ˈni:ðɚ/	/ˈnɛvɚ/	/bɪˈsaɪdz/
she	here	nobody	only	consequently
/ˈʃi:/	/ˈhiɚ/	/ˈnoʊˌbʌdi/	/ˈoʊnli/	/ˈka:nsəˌkwɛntl/
her	myself	no one	rapidly	furthermore
/ˈhɚ/	/maɪˈsɛlf/	/noʊˌwʌn/	/ˈræpədli/	/ˈfɚðɚˌmoɚ/
hers	ourselves	none	seldom	then
/ˈhɚz/	/ˌawɚˈsɛlvz/	/ˈnʌn/	/ˈsɛldəm/	/ˈðɛn/
it	yourself	nothing	soon	accordingly
/ˈɪt/	/jɚˈsɛlf/	/ˈnʌθɪŋ/	/ˈsu:n/	/əˈkoɚdɪŋli/

Reading Comprehension 2

brother	bug	Thursday	spring	bad
/ˈbrʌðɚ/	/ˈbʌg/	/ˈθɚzˌdeɪ/	/ˈsprɪŋ/	/ˈbæd/
grand mother	want	Friday	fishing	stay
/ˈgrændˌmʌðɚ/	/ˈwɑːnt/	/ˈfraɪˌdeɪ/	/ˈfɪʃɪŋ/	/ˈsteɪ/
nephew	meat	Saturday	best	sure
/ˈnɛfjuː/	/ˈmiːt/	/ˈsætɚˌdeɪ/	/ˈbɛst/	/ˈʃɚ/
niece	order	January	log	circle
/ˈniːs/	/ˈoɚdɚ/	/ˈdʒænjəˌweri/	/ˈlɑːg/	/ˈsɚkəl/
uncle	frog	February	bring	square
/ˈʌŋkəl/	/ˈfrɑːg/	/ˈfɛbrəˌweri/	/ˈbrɪŋ/	/ˈskwɛɚ/
aunt	cow	March	return	triangle
/ˈɑːnt/	/ˈkaʊ/	/ˈmaɚtʃ/	/rɪˈtɚn/	/ˈtraɪˌæŋgəl/
cousin	pizza	April	new	rectangle
/ˈkʌzən/	/ˈpiːtsə/	/ˈeɪprəl/	/ˈnuː/	/ˈrɛkˌtæŋgəl/
husband	phone	May	hot	width
/ˈhʌzbənd/	/ˈfoʊn/	/ˈmeɪ/	/ˈhɑːt/	/ˈwɪdθ/
wife	scared	June	cold	length
/ˈwaɪf/	/ˈskeɚd/	/ˈdʒuːn/	/ˈkoʊld/	/ˈlɛŋθ/
children	fly	July	warm	depth
/ˈtʃɪldrən/	/ˈflaɪ/	/dʒʊˈlaɪ/	/ˈwoɚm/	/ˈdɛpθ/
relatives	hit	August	awful	height
/ˈrɛlətɪv s/	/ˈhɪt/	/ˈɑːgəst/	/ˈɑːfəl/	/ˈhaɪt/
neighbor	swim	September	terrible	oval
/ˈneɪbɚ/	/ˈswɪm/	/sɛpˈtɛmbɚ/	/ˈterəbəl/	/ˈoʊvəl/
friend	bake	October	awesome	week
/ˈfrɛnd/	/ˈbeɪk/	/ɑkˈtoʊbɚ/	/ˈɑːsəm/	/ˈwiːk/
parents	birthday	November	meet	kiss
/ˈperənts/	/ˈbɚθˌdeɪ/	/noʊˈvɛmbɚ/	/ˈmiːt/	/ˈkɪs/
teachers	Sunday	December	kitten	know
/ˈtiːtʃɚz/	/ˈsʌnˌdeɪ/	/dɪˈsɛmbɚ/	/ˈkɪtn/	/ˈnoʊ/
students	Monday	summer	try	first
/ˈstuːdn̩tz/	/ˈmʌnˌdeɪ/	/ˈsʌmɚ/	/ˈtraɪ/	/ˈfɚst/
classmate	Tuesday	fall	girl	front
/ˈklæsˌmeɪt/	/ˈtuːzˌdeɪ/	/ˈfɑːl/	/ˈgɚl/	/ˈfrʌnt/

Reading Comprehension 3

ship	basketball	at	from	opposite
/'ʃɪp/	/'bæskɪtˌbaːl/	/'æt/	/'frʌm/	/'aːpəzət/
plane	billiards	in	is	beside
/'pleɪn/	/'bɪljɚdz/	/'ɪn/	/'ɪz/	/bɪ'saɪd/
flag	skiing	of	are	near
/'flæg/	/'skiːŋ/	/'ʌv/	/'aɚ/	/'nɪɚ/
watch	gymnastics	an	were	during
/'waːtʃ/	/dʒɪm'næstɪks/	/'æn/	/'wɚ/	/'durɪŋ/
climb	skating	apt	being	against
/'klaɪm/	/'skeɪtiːŋ/	/'æpt/	/'biːjɪŋ/	/ə'gɛnst/
snake	today	opt	been	via
/'sneɪk/	/tə'deɪ/	/'aːpt/	/'bɪn/	/'vajə/
rest	tomorrow	am	have	up
/'rɛst/	/tə'maːroʊ/	/'æm/	/'hæv/	/'ʌp/
branch	yesterday	as	has	down
/'bræntʃ/	/'jɛstɚˌdeɪ/	/'æz/	/'hæz/	/'daʊn/
squirrel	last week	ax	will	except
/'skwɚrəl/	/'læst 'wiːk/	/'æks/	/'wɪl/	/ɪk'sɛpt/
beach	next week	on	shall	since
/'biːtʃ/	/'nɛkst 'wiːk/	/'aːn/	/'ʃæl/	/'sɪns/
pretty	month	below	did	around
/'prɪti/	/'mʌnθ/	/bɪ'loʊ/	/'dɪd/	/ə'raʊnd/
wear	year	above	do	along
/'weɚ/	/'jɪɚ/	/ə'bʌv/	/'duː/	/ə'laːŋ/
cap	decade	over	does	give
/'kæp/	/'dɛˌkeɪd/	/'oʊvɚ/	/'dʌz/	/'gɪv/
sun	century	under	through	bite
/'sʌn/	/'sɛntʃəri/	/'ʌndɚ/	/'θruː/	/'baɪt/
soccer	millennium	between	past	hide
/'saːkɚ/	/mə'lɛnijəm/	/bɪ'twiːn/	/'pæst/	/'haɪd/
golf	canine	beyond	behind	awake
/'gaːlf/	/'keɪˌnaɪn/	/bi'aːnd/	/bɪ'haɪnd/	/ə'weɪk/
badminton	molar	next	after	drink
/'bædˌmɪtn/	/'moʊlɚ/	/'nɛkst/	/'æftɚ/	/'drɪŋk/

Reading Comprehension 4

wake	bet	green	heavy	fish
/'weɪk/	/'bɛt/	/'griːn/	/'hɛvi/	/'fɪʃ/
steal	let	big	cheap	bus
/'stiːl/	/'lɛt/	/'bɪg/	/'tʃiːp/	/'bʌs/
write	shed	bad	car	nose
/'raɪt/	/'ʃɛd/	/'bæd/	/'kaɚ/	/'noʊz/
think	know	good	baby	tooth
/'θɪŋk/	/'noʊ/	/'gʊd/	/'beɪbi/	/'tuːθ/
catch	draw	well	lion	foot
/'kætʃ/	/'drɑː/	/'wɛl/	/'lajən/	/'fʊt/
teach	blow	bright	desk	goose
/'tiːtʃ/	/'bloʊ/	/'braɪt/	/'dɛsk/	/'guːs/
fight	choose	busy	chair	book
/'faɪt/	/'tʃuːz/	/'bɪzi/	/'tʃeɚ/	/'bʊk/
buy	arise	early	fan	door
/'baɪ/	/ə'raɪz/	/'ɚli/	/'fæn/	/'doɚ/
seek	rise	fair	school	eye
/'siːk/	/'raɪz/	/'feɚ/	/'skuːl/	/'aɪ/
run	drive	old	man	deer
/'rʌn/	/'draɪv/	/'oʊld/	/'mæn/	/'diɚ/
sink	take	cold	lady	ear
/'sɪŋk/	/'teɪk/	/'koʊld/	/'leɪdi/	/'iɚ/
swim	forget	long	country	television
/'swɪm/	/fɚ'gɛt/	/'lɑːŋ/	/'kʌntri/	/'tɛlə,vɪʒən/
ring	get	tall	glass	hand
/'rɪŋ/	/'gɛt/	/'tɑːl/	/'glæs/	/'hænd/
come	speak	ugly	star	wife
/'kʌm/	/'spiːk/	/'ʌgli/	/'staɚ/	/'waɪf/
become	got	less	bench	wolf
/bɪ'kʌm/	/'gɑːt/	/'lɛs/	/'bɛntʃ/	/'wʊlf/
knit	freeze	small	pencil	knife
/'nɪt/	/'friːz/	/'smɑːl/	/'pɛnsəl/	/'naɪf/
cost	break	many	wall	loaf
/'kɑːst/	/'breɪk/	/'mɛni/	/'wɑːl/	/'loʊf/
cut	white	slow	fly	mask
/'kʌt/	/'waɪt/	/'sloʊ/	/'flaɪ/	/'mæsk/

Reading Comprehension 5

radio	pepper	rain	one	nineteen
/'reɪdioʊ/	/'pɛpɚ/	/'reɪn/	/'wʌn/	/naɪn'tiːn/
can	radish	flood	two	twenty
/kən/	/'rædɪʃ/	/'flʌd/	/'tuː/	/'twɛnti/
jug	garlic	earthquake	three	thirty
/'dʒʌg/	/'gaɚlɪk/	/'ɚθ,kweɪk/	/'θriː/	/'θɚti/
mug	apple	cyclone	four	forty
/'mʌg/	/'æpəl/	/'saɪkloʊn/	/'foɚ/	/'foɚti/
box	grape	tornado	five	fifty
/'baːks/	/'greɪp/	/toɚ'neɪdoʊ/	/'faɪv/	/'fɪfti/
crate	pine apple	doctor	six	sixty
/'kreɪt/	/'paɪ,næpəl/	/'daːktɚ/	/'sɪks/	/'sɪksti/
packet	mango	nurse	seven	seventy
/'pækət/	/'mæŋgoʊ/	/'nɚs/	/'sɛvən/	/'sɛvənti/
glass	orange	plumber	eight	eighty
/'glæs/	/'arɪndʒ/	/'plʌmɚ/	/'eɪt/	/'eɪti/
tube	strawberry	electrician	nine	ninety
/'tuːb/	/'straː,bɛri/	/ɪ,lɛk'trɪʃən/	/'naɪn/	/'naɪnti/
cabbage	pear	mechanic	ten	hundred
/'kæbɪdʒ/	/'peɚ/	/mɪ'kænɪk/	/'tɛn/	/'hʌndrəd/
celery	melon	police	eleven	thousand
/'sɛləri/	/'mɛlən/	/pə'liːs/	/ɪ'lɛvən/	/'θaʊzənd/
mushroom	sky	dentist	twelve	million
/'mʌʃruːm/	/'skaɪ/	/'dɛntəst/	/'twɛlv/	/'mɪljən/
potato	earth	pilot	thirteen	billion
/pə'teɪtoʊ/	/'ɚθ/	/'paɪlət/	/,θɚ'tiːn/	/'bɪljən/
carrot	star	soldier	fourteen	sprinkle
/'kerət/	/'staɚ/	/'soʊldʒɚ/	/foɚ'tiːn/	/'sprɪŋkəl/
corn	planet	welder	fifteen	beat
/'koɚn/	/'plænət/	/'wɛldɚ/	/fɪf'tiːn/	/'hiːt/
bean	rainbow	carpenter	sixteen	whisk
/'biːn/	/'reɪn,boʊ/	/'kaɚpəntɚ/	/sɪk'stiːn/	/'wɪsk/
pea	mountain	professor	seventeen	mix
/'piː/	/'maʊntn̩/	/prə'fɛsɚ/	/,sɛvən'tiːn/	/'mɪks/
pumpkin	river	student	eighteen	strain
/'pʌmpkən/	/'rɪvɚ/	/'stuːdn̩t/	/,eɪt'tiːn/	/'streɪn/

Reading Comprehension 6

HEART	AORTA	ELEPHANT	WHALE	EAGLE
/ˈhaɚt/	/eɪˈoɚtə/	/ˈɛləfənt/	/ˈweɪl/	/ˈiːgəl/
lung	**alveoli**	**zebra**	**dolphin**	**rooster**
/ˈlʌŋ/	/ælˈviːjələi/	/ˈziːbrə/	/ˈdaːlfən/	/ˈruːstɚ/
stomach	**cerebrum**	**giraffe**	**seahorse**	**turkey**
/ˈstʌmək/	/səˈriːbrəm/	/dʒəˈræf/	/siːhoɚs/	/ˈtɚki/
kidney	**cerebellum**	**wolf**	**octopus**	**crow**
/ˈkɪdni/	/serəbɛləm/	/ˈwʊlf/	/aːktəˌpʊs/	/ˈkroʊ/
spleen	**placenta**	**hippopotamus**	**crab**	**duck**
/ˈspliːn/	/pləˈsɛntə/	/ˌhɪpəˈpaːtəməs/	/ˈkræb/	/ˈdʌk/
brain	**diaphragm**	**rhinoceros**	**starfish**	**pelican**
/ˈbreɪn/	/ˈdajəˌfræm/	/raɪˈnaːsərəs/	/ˈstaɚˌfɪʃ/	/ˈpɛlɪkən/
liver	**uvula**	**kangaroo**	**turtle**	**swan**
/ˈlɪvɚ/	/ˈjuːvjələ/	/ˌkæŋgəˈruː/	/ˈtɚtl̩/	/ˈswaːn/
colon	**rose**	**dog**	**lobster**	**ostrich**
/ˈkoʊlən/	/ˈroʊz/	/ˈdaːg/	/ˈlaːbstɚ/	/ˈaːstrɪtʃ/
spine	**jasmine**	**monkey**	**oyster**	**pigeon**
/ˈspaɪn/	/ˈdʒæzmən/	/ˈmʌŋki/	/ˈoɪstɚ/	/ˈpɪdʒən/
nerve	**poppy**	**leopard**	**snake**	**owl**
/ˈnɚv/	/ˈpaːpi/	/ˈlɛpɚd/	/ˈsneɪk/	/ˈawəl/
blood	**anthurium**	**goat**	**tortoise**	**shirt**
/ˈblʌd/	/ænθuːriəm/	/ˈgoʊt/	/ˈtoɚtəs/	/ˈʃɚt/
plasma	**lily**	**sheep**	**centipede**	**skirt**
/ˈplæzmə/	/ˈlɪli/	/ˈʃiːp/	/ˈsɛntəˌpiːd/	/ˈskɚt/
bone	**chrysanthemum**	**buffalo**	**millipede**	**sweater**
/ˈboʊn/	/krɪˈsænθəməm/	/ˈbʌfəˌloʊ/	/ˈmɪləˌpiːd/	/ˈswɛtɚ/
muscle	**daffodil**	**horse**	**leech**	**suit**
/ˈmʌsəl/	/ˈdæfəˌdɪl/	/ˈhoɚs/	/ˈliːtʃ/	/ˈsuːt/
enzyme	**carnation**	**skunk**	**porcupine**	**hat**
/ˈɛnˌzaɪm/	/kaɚˈneɪʃən/	/ˈskʌŋk/	/ˈpoɚkjəˌpaɪn/	/ˈhæt/
hormone	**sunflower**	**mouse**	**chameleon**	**tie**
/hoɚmoʊn/	/ˈsʌnˌflawɚ/	/ˈmaʊs/	/kəˈmiːljən/	/ˈtaɪ/
artery	**lotus**	**rabbit**	**snail**	**shoes**
/ˈaɚtəri/	/ˈloʊtəs/	/ˈræbət/	/ˈsneɪl/	/ˈʃuːz/
arteriole	**orchid**	**moose**	**vulture**	**socks**
/aɚtɪrioʊl/	/ˈoɚkəd/	/muːs/	/vʌltʃɚ/	/saːks/
ventricle	**dahlia**	**walrus**	**parrot**	**sandals**
/ˈvɛntrəkəl/	/ˈdæljə/	/ˈwaːlrəs/	/ˈperət/	/ˈsændls/

Reading Comprehension 7

nuptial	optician	intestine	Australia	applicable
/ˈnʌpʃəl/	/ɑːpˈtɪʃən/	/ɪnˈtɛstən/	/ɑːˈstreɪljə/	/ˈæplɪkəbəl/
initial	dietician	routine	Argentina	criterion
/ɪˈnɪʃəl/	/ˌdajəˈtɪʃən/	/ruˈtiːn/	/aɚˈdʒənˈtiːnə/	/kraɪˈtirijən/
martial	Egyptian	valentine	Brazil	qualification
/ˈmaɚʃəl/	/ɪˈdʒɪpʃən/	/ˈvælənˌtaɪn/	/brəˈzɪl/	/ˌkwaːləfəˈkeɪʃən/
influential	Croatian	porcupine	Korea	abbreviation
/ˌɪnfluˈɛnʃəl/	/krouˈeɪʃən/	/ˈpoɚkjəˌpaɪn/	/kəˈrijə/	/əˌbriːviˈeɪʃən/
partial	Alsatian	spine	China	parenthesis
/ˈpaɚʃəl/	/ælˈseɪʃən/	/ˈspaɪn/	/ˈtʃaɪnə/	/pəˈrɛnθəsəs/
artificial	Haitian	translation	Indonesia	thesaurus
/aɚtəˈfɪʃl̩/	/ˈheɪʃən/	/trænsˈleɪʃən/	/ˌɪndəˈniːʒə/	/θɪˈsorəs/
special	Christian	fertile	Russia	peculiar
/ˈspɛʃəl/	/ˈkrɪstʃən/	/ˈfɚtl̩/	/ˈrʌʃə/	/pɪˈkjuːljɚ/
crucial	captain	tile	Slovakia	nuance
/ˈkruːʃəl/	/ˈkæptən/	/ˈtajəl/	/slouˈvaːkijə/	/ˈnuːˌaːns/
social	plantain	gentile	Switzerland	martyrdom
/ˈsouʃəl/	/ˈplæntən̩/	/ˈdʒɛntl̩/	/ˈswɪtsɚlənd/	/ˈmaɚtədəm/
facial	attain	mercantile	Norway	syndicate
/ˈfeɪʃəl/	/əˈteɪn/	/ˈmɚkənˌtiːl/	/ˈnoɚˌweɪ/	/ˈsɪndɪkət/
official	contain	textile	Uganda	pedestrian
/əˈfɪʃəl/	/kənˈteɪn/	/ˈtɛkstl̩/	/juˈgændə/	/pəˈdɛstrijən/
judicial	detain	graduation	Zimbabwe	industry
/dʒuˈdɪʃəl/	/dɪˈteɪn/	/ˌgrædʒuˈweɪʃən/	/zɪmˈbaːbwi/	/ˈɪndəstri/
financial	fountain	appreciation	suite	custody
/fəˈnænʃəl/	/ˈfauntn̩/	/əˌpriːʃiˈeɪʃən/	/ˈswiːt/	/ˈkʌstədi/
electrician	curtain	association	quay	impunity
/ɪˌlɛkˈtrɪʃən/	/ˈkɚtn̩/	/əˌsousiˈeɪʃən/	/ˈkiː/	/ɪmˈpjuːnəti/
beautician	mountain	precipitation	sizzle	massacre
/bjuˈtɪʃən/	/ˈmauntn̩/	/prɪˌsɪpəˈteɪʃən/	/ˈsɪzəl/	/ˈmæsɪkɚ/
musician	century	biome	exaggerate	genocide
/mjuˈzɪʃən/	/ˈsɛntʃəri/	/ˈbaɪoum/	/ɪgˈzædʒəˌreɪt/	/ˈdʒɛnəˌsaɪd/
physician	obituary	Philippines	ablaze	assassination
/fiˈzɪʃən/	/ouˈbɪtʃəˌweri/	/ˌfɪləˈpiːnz/	/əˈbleɪz/	/əˌsæsəˈneɪʃən/
technician	mortuary	Uruguay	extravagant	propaganda
/tɛkˈnɪʃən/	/ˈmoɚtʃəˌweri/	/ˈurəˌgwaɪ/	/ɪkˈstrævɪgənt/	/ˌpraːpəˈgændə/

Reading Comprehension 8

prosecute	facsimile	mature	delegate	administration
/ˈprɑːsɪˌkjuːt/	/fækˈsɪməli/	/məˈtʃuɚ/	/ˈdɛlɪgət/	/ədˌmɪnəˈstreɪʃən/
execute	simile	puncture	arrogate	fraction
/ˈɛksɪˌkjuːt/	/ˈsɪməli/	/ˈpʌŋktʃɚ/	/ˈerəˌgeɪt/	/ˈfrækʃən/
pollute	juvenile	creature	litigate	conversation
/pəˈluːt/	/ˈdʒuːvəˌnajəl/	/ˈkriːtʃɚ/	/ˈlɪtəˌgeɪt/	/ˌkɑːnvɚˈseɪʃən/
dilute	sterile	departure	chocolate	auction
/daɪˈluːt/	/ˈsterəl/	/dɪˈpɑɚtʃɚ/	/ˈtʃɑːklət/	/ˈɑːkʃən/
minute	missile	furniture	elate	animation
/ˈmɪnət/	/ˈmɪsəl/	/ˈfɚnɪtʃɚ/	/ɪˈleɪt/	/ˌænəˈmeɪʃən/
dispute	tensile	future	regulate	portion
/dɪˈspjuːt/	/ˈtɛnsəl/	/ˈfjuːtʃɚ/	/ˈrɛgjəˌleɪt/	/ˈpoɚʃən/
adhesive	disable	feature	effectual	illusion
/ædˈhiːsɪv/	/dɪsˈeɪbəl/	/ˈfiːtʃɚ/	/ɪˈfɛktʃəwəl/	/ɪˈluːʒən/
supportive	solvable	lecture	actual	vision
/səˈpoɚtɪv/	/ˈsɑːlvəbəl/	/ˈlɛktʃɚ/	/ˈæktʃəwəl/	/ˈvɪʒən/
febrile	discrimination	immature	punctual	mission
/ˈfɛˌbrajəl/	/dɪˌskrɪməˈneɪʃən/	/ɪməˈtʃɚ/	/ˈpʌŋktʃəwəl/	/ˈmɪʃən/
aggressive	adjure	nature	mutual	conclusion
/əˈgrɛsɪv/	/əˈdʒuɚ/	/ˈneɪtʃɚ/	/ˈmjuːtʃəwəl/	/kənˈkluːʒən/
intensive	brochure	assure	virtual	concussion
/ɪnˈtɛnsɪv/	/broʊˈʃuɚ/	/əˈʃuɚ/	/ˈvɚtʃəwəl/	/kənˈkʌʃən/
decisive	procedure	pressure	spiritual	confusion
/dɪˈsaɪsɪv/	/prəˈsiːdʒɚ/	/ˈprɛʃɚ/	/ˈspɪrɪtʃəwəl/	/kənˈfjuːʒən/
active	endure	pleasure	ritual	admission
/ˈæktɪv/	/ɪnˈdɚ/	/ˈplɛʒɚ/	/ˈrɪtʃəwəl/	/ədˈmɪʃən/
effective	gradual	measure	function	decision
/ɪˈfɛktɪv/	/ˈgrædʒəwəl/	/ˈmɛʒɚ/	/ˈfʌŋkʃən/	/dɪˈsɪʒən/
competitive	individual	treasure	abduction	explosion
/kəmˈpɛtətɪv/	/ˌɪndəˈvɪdʒəwəl/	/ˈtrɛʒɚ/	/æbˈdʌktʃən/	/ɪkˈsploʊʒən/
revive	dual	closure	action	celestial
/rɪˈvaɪv/	/ˈduːwəl/	/ˈkloʊʒɚ/	/ˈækʃən/	/səˈlɛstʃəl/
survive	mixture	fissure	dictation	essential
/sɚˈvaɪv/	/ˈmɪkstʃɚ/	/ˈfɪʃɚ/	/dɪkˈteɪʃən/	/ɪˈsɛnʃəl/
agile	culture	exposure	digestion	confidential
/ˈædʒəl/	/ˈkʌltʃɚ/	/ɪkˈspoʊʒɚ/	/daɪˈdʒɛstʃən/	/ˌkɑːnfəˈdɛnʃəl/

Reading Comprehension 9

advisable	litigious	pompous	cautious	climate
/əd'vaɪzəbə/	/lə'tɪdʒəs/	/'pɑːmpəs/	/'kɑːʃəs/	/'klaɪmət/
dubious	ambiguous	copious	grievous	cremate
/'duːbijəs/	/æm'bɪgjəwəs/	/'koʊpijəs/	/'griːvəs/	/'kriːˌmeɪt/
amphibious	contiguous	pious	mischievous	assassinate
/æm'fɪbijəs/	/kən'tɪgjəwəs/	/'pajəs/	/'mɪstʃəvəs/	/ə'sɪməˌleɪt/
mucous	calculus	porous	obvious	fortunate
/'mjuːkəs-/	/'kælkjələs/	/'porəs/	/'ɑːbvijəs/	/'foətʃənət/
delicious	callous	adventurous	previous	debate
/dɪ'lɪʃəs/	/'kæləs/	/əd'vɛntʃərəs/	/'priːvijəs/	/dɪ'beɪt/
spacious	bilious	delirious	crocodile	abate
/'speɪʃəs/	/'bɪljəs/	/dɪ'lirijəs/	/'krɑːkəˌdajəl/	/ə'beɪt/
promiscuous	rebellious	luxurious	mobile	absolute
/prə'mɪskjəwəs/	/rɪ'bɛljəs/	/ˌlʌg'ʒɚijəs/	/'moʊbəl/	/'æbsəˌluːt/
vacuous	famous	incongruous	synthesize	latitude
/'vækjəwəs/	/'feɪməs/	/ɪn'kɑːŋgrəwəs/	/'sɪnθəsəs/	/'lætəˌtuːd/
hazardous	enormous	gaseous	emphasize	altitude
/'hæzɚdəs/	/ɪ'noɚməs/	/'gæʃəs/	/'ɛmfəˌsaɪz/	/'æltəˌtuːd/
tremendous	mountainous	nauseous	advertise	magnitude
/trɪ'mɛndəs/	/'maʊntənəs/	/'nɑːʃəs/	/'ædvɚˌtaɪz/	/'mægnəˌtuːd/
deciduous	luminous	sensuous	expertise	institute
/dɪ'sɪdʒəwəs/	/'luːmənəs/	/'sɛnʃəwəs/	/ˌɛkspɚ'tiːz/	/'ɪnstəˌtuːt/
tedious	igneous	circuitous	schedule	constitute
/'tiːdijəs/	/'ɪgnijəs/	/sɚ'kjuːwətəs/	/'skɛˌdʒuːl/	/'kɑːnstəˌtuːt/
hideous	homogeneous	gratuitous	module	substitute
/'hɪdijəs/	/ˌhoʊmə'dʒiːnjəs/	/grə'tuːwətəs/	/'mɑːˌdʒuːl/	/'sʌbstəˌtuːt/
courageous	harmonious	courteous	nodule	contribute
/kə'reɪdʒəs/	/hɑɚ'moʊnijəs/	/'kɚtijəs/	/'nɑːdʒul/	/kən'trɪbjuːt/
advantageous	ceremonious	righteous	pustule	distribute
/ˌædˌvæn'teɪdʒəs/	/ˌserə'moʊnijəs/	/'raɪtʃəs/	/'pʌsˌtʃuːl/	/dɪ'strɪbjuːt/
gorgeous	continuous	fatuous	capsule	attribute
/'goɚdʒəs/	/kən'tɪgjəwəs/	/'fætʃuwəs/	/'kæpsəl/	/ə'trɪˌbjuːt/

Reading Comprehension 10

niche	feint	installment	success	perennial
/'nɪtʃ/	/'feɪnt/	/ɪn'stɑ:lmənt/	/sək'sɛs/	/pə'rɛnijəl/
cliché	deice	premium	succeed	annuity
/kli'ʃeɪ/	/di'aɪs/	/'pri:mijəm/	/sək'si:d/	/ə'nu:əti/
attaché	quell	anticipation	succumb	anniversary
/ˌætə'ʃeɪ/	/'kwɛl/	/æn,tɪsə'peɪʃən/	/sə'kʌm/	/ˌænə'vɚsəri/
equinox	knack	adolescent	consequence	adherent
/'i:kwə,nɑ:ks/	/'næk/	/ˌædə'lɛsn̩t/	/'kɑ:nsə,kwɛns/	/æd'hirənt/
solstice	douche	premature	incubate	precede
/'sɑ:lstəs/	/'du:ʃ/	/ˌpri:mə'tuɚ/	/'ɪŋkju,beɪt/	/prɪ'si:d/
stricture	inspiration	dwarf	necessary	acquire
/'strɪktʃɚ/	/ˌɪnspə'reɪʃən/	/'dwoɚf/	/'nɛsə,seri/	/ə'kwajɚ/
heave	stooge	coyote	accessory	autopsy
/hi:v/	/'stu:dʒ/	/kaɪ'oʊti/	/ɪk'sɛsəri/	/'ɑ:,tɑ:psi/
compadre	blaspheme	acolyte	fundamental	perceive
/kəm'pɑ:dreɪ/	/blæs'fi:m/	/'ækə,laɪt/	/ˌfʌndə'mɛntl̩/	/pɚ'si:v/
diction	slough	octet	irreparable	retreat
/'dɪkʃən/	/'slʌf/	/ɑk'tɛt/	/ɪ'rɛprəbəl/	/rɪ'tri:t/
prodigy	elocution	actuate	incubate	government
/'prɑ:dədʒi/	/ˌɛlə'kju:ʃən/	/'æktʃə,weɪt/	/'ɪŋkjə,beɪt/	/'gʌvɚmənt/
caliber	stethoscope	clingy	absolute	hibernation
/'kæləbɚ/	/'stɛθə,skoʊp/	/'klɪŋi/	/'æbsə,lu:t/	/haɪbɚ'neɪʃən/
manifestation	stratosphere	referendum	superfluous	bureau
/ˌmænəfə'steɪʃən/	/'strætə,sfiɚ/	/ˌrɛfə'rɛndəm/	/sʊ'pɚfluwəs/	/'bjɚoʊ/
seduce	atmosphere	politics	imminent	noticeable
/sɪ'du:s/	/'ætmə,sfiɚ/	/'pɑ:lə,tɪks/	/'ɪmənənt/	/'noʊtəsəbəl/
venture	apposition	democratic	sojourn	apparatus
/'vɛntʃɚ/	/ˌæpə'zɪʃən/	/drə'mætɪk/	/'soʊ,dʒɚn/	/ˌæpə'rætəs/
importune	distress	impeachment	trespass	recumbent
/ˌɪmpɚ'tu:n/	/dɪ'strɛs/	/ɪm'pi:tʃmənt/	/'trɛ,spæs/	/rɪ'kʌmbənt/
attune	capitol	election	tractable	compulsory
/ə'tu:n/	/'kæpətl̩/	/ɪ'lɛkʃən/	/'træktəbəl/	/kəm'pʌlsəri/
Neptune	investment	population	eradicate	fraudulent
/'nɛp,tu:n/	/ɪn'vɛstmənt/	/ˌpɑ:pjə'leɪʃən/	/ɪ'rædə,keɪt/	/'frɑ:dʒələnt/
wield	bargain	irrigation	reproduction	collaborate
/'wi:ld/	/'bɑɚgən/	/ˌɪrə'geɪʃən/	/ˌri:prə'dʌkʃən/	/kə'læbə,reɪt/
diem	barter	judicial	benediction	correspondence
/di:jəm/	/'bɑɚtɚ/	/dʒu'dɪʃəl/	/ˌbɛnə'dɪkʃən/	/ˌkorə'spɑ:ndəns/